# DAS
# Visconti Sforza Tarot

## Mary Packard

Kartenillustrationen von Rachel Clowes

Vorwort von Robert M. Place

KÖNIGSFURT
URANIA

Die in diesem Booklet enthaltenen Informationen und Ratschläge wurden von der Autorin sorgfältig recherchiert und geprüft. Eine Garantie kann dennoch nicht übernommen werden. Die Informationen und Ratschläge sind außerdem nicht dazu gedacht, die Beratung durch einen Arzt oder Therapeuten zu ersetzen, sofern eine solche angezeigt ist. Eine Haftung der Autorin oder des Verlags ist ausgeschlossen.

Das gesamte Werk ist im Rahmen der Urheberrechtsgesetze geschützt. Jegliche vom Verlag nicht genehmigte Verwertung ist unzulässig, es sei denn, es handelt sich um eine Rezension oder Produktvorstellung, worin kurze Passagen zur Verdeutlichung in Zeitschriften, Zeitungen oder auf Websites zitiert werden.

*Bibliographische Information der Deutschen Nationalbibliothek*
*Die Deutsche Nationalbibliothek verzeichnet diese Publikation in der Deutschen*
*Nationalbibliographie; detaillierte bibliographische Daten sind im Internet über*
*http://dnb.d-nb.de abrufbar.*

© 2013 Quarto Publishing Group USA Inc.
© 2013 by The Book Shop, Ltd.
First published in 2013 by Race Point Publishing, an imprint of The Quarto Group,
142 West 36th Street 4th Floor, New York, NY 10018, USA
www.QuartoKnows.com

Deutsche Erstausgabe
Copyright © 2022 für die deutsche Textfassung
by Königsfurt-Urania Verlag GmbH
Königsfurt Urania Verlag GmbH, Ringstr. 32, 24103 Kiel, Deutschland
www.koenigsfurt-urania.com // www.tarot-online.com

Übersetzung: Tom Amarque
Lektorat: Eva-Christiane Wetterer, Hamburg
Satz und Layout: Stefan Hose, Götheby-Holm
Printed in China

ISBN 978-3-86826-566-8

MIX
Papier aus verantwor-
tungsvollen Quellen
FSC® C017606
FSC www.fsc.org

# INHALT

# VORWORT

Spielkarten gibt es in Europa bereits seit dem vierzehnten Jahrhundert. Das erste bekannte Kartenspiel bestand aus vier Farben und wie die modernen Decks aus je zehn Zahl- und drei Hofkarten. Die Farben waren Münzen, Kelche, Schwerter und Stäbe. In der Renaissance zwischen 1410 und 1442 wurden den Karten in Italien vier Königinnen und eine Reihe von mystischen, rätselhaften Figuren hinzugefügt. Damit war das Tarot geboren.

Die Okkultisten haben Tarot seit dem späten achtzehnten Jahrhundert als unverzichtbaren Teil ihrer magischen Ausrüstung betrachtet. Um dem Spiel einen passenden antiken Stammbaum zu geben, erfanden sie höchst zweifelhafte Geschichten und Assoziationen zu dem Kartenspiel. So legte man den Ursprung ins alte Ägypten und behauptete, es handle sich um eine Schöpfung alter Kabbalisten oder ägyptischer Priester unter der Leitung des mythischen Weisen Hermes Trismegistos. Zwar waren nicht alle Erkenntnisse der Okkultisten falsch, doch diese Behauptungen sind definitiv unwahr. Letztlich sind die okkulten Assoziationen zu einer Mauer der Verwirrung geworden. Sie macht es schwer bis unmöglich, das mystische Erbe zu würdigen, das in diesem einzigartigen Kartendeck weiterlebt.

Am nächsten kommen wir der ursprünglichen Tradition des Tarots, wenn wir uns diese Karten genau und ganz in Ruhe ansehen – wir betrachten schließlich die ältesten existierenden Tarotkarten weltweit. Diese frühen Karten sind prachtvolle Kunstwerke. Sie wurden von den Künstlern für adelige Mäzene entworfen, komponiert aus Miniatur-Gemälden und Blattgold, gestaltet auf schwerem Papier. Fünfzehn der existierenden Kartenspiele wurden für die Familie Visconti, die Herrscher von Mailand, entworfen, keines ist komplett erhalten.

Eines dieser Spiele, das Visconti-Sforza-Tarot, gilt als der vollständigste aller frühen Kartensätze. Hier sehen wir zum allerersten Mal ein Kartendeck mit einem Narren. Insgesamt sind es neunzehn der einundzwanzig Trümpfe, die heute als Standard gelten. Nur der Teufel und der Turm sind nicht enthalten. Als Ludwig XII. von Frankreich 1499 Mailand erobert, dient das Tarot von Mailand als Vorlage für das französische Kartenspiel, das dann als Tarot von Marseille bekannt wird. Die Okkultisten entdecken dieses Kartendeck später für sich – es wird zum Standard für die ganze Welt.

Mit dem *Visconti-Tarot* leistet Mary Packard eine hervorragende Arbeit, um dem modernen Publikum das ursprüngliche Visconti-Sforza-Tarot wieder näherzubringen. Sie gibt Einblicke in seine Geschichte und Symbolik und würdigt Schönheit und Eignung für die Deutung gebührend. Einmal mehr wird deutlich, dass Tarot eine zeitlos mystische Philosophie ausdrückt – ein unersetzliches Erbe, das wir niemals vergessen dürfen.

*Robert M. Place*

# KAPITEL 1

# GESCHICHTE

**W**ie würde ein reicher und mächtiger Adliger, der Mitte des 14. Jahrhunderts in Mailand lebt, eine Geburt feiern, eine Hochzeit oder ein Jubiläum begehen? Ein Porträt wäre eine gute Wahl, wenn es nicht so ewig gestrig wäre, eine Gala ein großer Spaß, doch leider viel zu schnell vorbei. Es muss etwas Bleibendes und Einzigartiges sein – ein Vorhaben, das denjenigen vorbehalten ist, die über illustre gesellschaftliche Verbindungen und ein beträchtliches Vermögen verfügen. Der neue Trend, ein Spielkartenset in Auftrag zu geben, wäre da genau das Richtige. Die von begabten Künstlern gemalten Karten waren für einen Aristokraten eine originelle Art und Weise, einen bedeutenden Anlass hervorzuheben und seinen gehobenen Stand zu dokumentieren. Die Karten zeigten oft Mitglieder der Familie in ihren feinsten Gewändern, während sie in opulenten Kulissen posierten.

Diese Karten boten zukünftigen Generationen einen faszinierenden, wenn auch idealisierten Einblick in das Leben des Adels, das in dieser Zeit und an diesem Ort florierte. Eines der ältesten und vollständigsten erhaltenen Spielkartendecks wurde von der Mailänder Herrscherfamilie Visconti-Sforza in Auftrag gegeben.

---

Vorherige Seite: *Filippo Maria Visconti, der Herzog von Mailand, überreicht in diesem Gemälde von Francesco Hayez aus dem 19. Jahrhundert den Königen von Aragon und Navarra die Krone.*

# FAMILIENBANDE

Herzog Filippo Maria Visconti soll der reichste Mann Italiens gewesen sein, doch selbst für ihn war das Leben nicht frei von Problemen. Da das Italien des fünfzehnten Jahrhunderts aus so vielen sich bekriegenden Stadtstaaten bestand, war das Leben alles andere als friedlich. Der Herzog befand sich, ebenso wie andere Landadlige, in ständiger Alarmbereitschaft. Es bestand permanent die Möglichkeit, dass ein Heer plündernder Angreifer auftauchte, um seine Besitztümer zu überfallen.

Und dann war da Viscontis Unfruchtbarkeit. Obwohl er mehrmals verheiratet war, konnte er keine Erben zeugen, keinen Sohn, der seinen Titel erben würde. Als 1425 endlich seine Tochter geboren wurde, war er überglücklich. Die Tatsache, dass sein Kind weiblich und unehelich war, konnte seine Freude nicht trüben. Er nannte sie Bianca Maria und kümmerte sich liebevoll um sein einziges Kind. Er sorgte dafür, dass sie eine erstklassige Ausbildung in den lateinischen Klassikern Musik, Kunst, Wissenschaft und Mathematik erhielt. Außerdem teilten Vater und Tochter die Liebe zur Jagd und zu Pferden.

# KRIEGSGLÜCK

Die Interessen der Familie Sforza lagen ganz woanders. Muzio Attendolo, der Gründer der Sforza-Dynastie, stammte aus einer wohlhabenden Bauernfamilie. Das Landleben war nichts für ihn. Schon in jungen Jahren verließ er sein Zuhause, um sich bei den Condottierri ausbilden zu lassen. Das waren Söldnerführer, die angeheuert wurden, um ein Herzogtum oder Königreich gegen Eindringlinge zu verteidigen. Attendolos beeindruckende militärische Fähigkeiten brachten ihm den Namen Sforza ein, was auf Italienisch „Stärke" bedeutet. Der Name blieb haften, und es dauerte nicht lange, bis er seine eigene Söldnerarmee aufgestellt hatte. Muzio ertrank 1424, und sein Sohn Francesco übernahm die Kontrolle. Unter seinem Kommando wurde die Armee die mächtigste in ganz Italien.

Als Filippo Visconti angegriffen wurde, forderte er Francesco Sforza auf, eine Armee gegen die feindlichen Venezianer zu führen. Und da es zu dieser Zeit üblich war, die Macht des Adels durch Heirat zu erweitern und zu festigen, wurde Sforza als Belohnung für den militärischen Erfolg von Visconti die Hand von Bianca Maria versprochen. Diese Hochzeit fand am 25. Oktober 1441 statt.

---

Gegenüberliegende Seite: *Die Hochzeit von Francesco Sforza und Bianca Maria Visconti*

# JUBILÄUMSKARTEN

Aufgrund der Komplikationen bei der Erbfolge fiel das Herzogtum Mailand nicht automatisch an Francesco Sforza, als Visconti starb. Sforza war gezwungen, den Titel seines Schwiegervaters durch eine Schlacht zu erobern und zu gewinnen. Die gegnerischen Streitkräfte waren Sforza nicht gewachsen – Mailand ergab sich 1450.

Die Verbindung Visconti-Sforza erwies sich als erfolgreiche Ehe mit vielen Erben. Bianca Maria befasste sich mit allen Staatsangelegenheiten und wurde als Mäzenin von Hospitälern, Kirchen und der Kunst aktiv. Im Jahr 1448 nahm ihre Popularität legendäre Ausmaße an, als sie eine Rüstung anlegte und sich dem Kampf gegen einen weiteren Ansturm venezianischer Invasoren anschloss. Diese Episode bescherte ihr den Spitznamen „Kriegerin".

Anlässlich ihres zehnten Hochzeitstages im Jahr 1451 beauftragte Francesco Sforza den bekannten Künstler Bonifacio Bembo mit der Gestaltung eines Kartenspiels zu Ehren von Bianca Maria. Das Paar trägt die typischen Kostüme der ersten Hälfte des 15. Jahrhunderts. Auf einigen Karten sind sie allein, auf anderen gemeinsam abgebildet. Die Diskrepanz zwischen der edlen und zerbrechlichen Jungfrau, die auf den Karten dargestellt ist, und der legendären verehrten Kriegerin ist auffallend. Der Kontrast spricht von dem Wunsch nach friedlicheren Momenten, frei von der Bedrohung plündernder Armeen.

# ITALIENISCHER PRUNK

Eine der wichtigsten Traditionen, die die Gestaltung der Visconti-Sforza-Karten stark prägten, waren die beliebten Triumphzüge (italienisch *Trionfo*). Der Sinn dieser ursprünglich im alten Rom abgehaltenen Paraden und Triumphzüge war es, die siegreichen Generäle zu feiern.

Jedem Truppenteil eines römischen Triumphzuges folgte eine weitere Gruppe, die ihn in seiner Bedeutung übertrumpfte. Gefangene waren die in der Wertung niedrigsten Teilnehmer, sie führten die Parade an. Direkt hinter ihnen marschierten ihre Eroberer, denen wiederum ihre Vorgesetzten folgten und so weiter, bis am Ende der siegreiche Feldherr unter beeindruckenden Fanfarenklängen erschien.

Jahrhunderte später verloren die römischen Triumphzüge ihren militärischen Aspekt und wurden durch Paraden mit religiösem Prunk ersetzt. Während des Mittelalters war es nicht ungewöhnlich, eine dieser Prozessionen zu sehen: einen Eselskarren, beladen mit religiösen Artefakten, gefolgt von Geistlichen, die sich ihren Weg durch die engen toskanischen Straßen bahnten. Die in luxuriöse Gewänder gekleideten Kleriker schritten feierlich zu Klängen liturgischer Musik.

*Man nimmt an, dass es sich bei den auf der Karte der Liebenden dargestellten Figuren um Francesco Sforza und Bianca Maria Visconti handelt.*

Zu Beginn der Renaissance (französisch für „Wiedergeburt"), einer Kulturepoche des erneuten Interesses an allen klassischen Dingen, verschmolzen die aufwendigen religiösen Prozessionen mit festlichen weltlichen Umzügen. Es ging jetzt darum, eine weiterentwickelte Version des römischen Triumphzuges zu erschaffen. Schimmernde Pferde, die Wagen mit bekannten Helden- und Schurkenfiguren zogen, wurden von Sängern, Tänzern und bunt gekleideten Performance-Künstlern begleitet.

Ähnlich wie bei modernen Karnevalsumzügen fanden die Triumphzüge zu verschiedenen Anlässen wie Hochzeiten, Beerdigungen und wichtigen Feiertagen statt. Bedeutende Künstler wurden aufgefordert, die Umzüge zu inszenieren und prächtige Kostüme und glitzernde Kulissen für die Festwagen zu entwerfen. Viele dieser Stilelemente finden sich in Details der Visconti-Sforza-Tarotkarten.

Bei den Triumphzügen der Renaissance traten manchmal Darsteller auf, die die Tugenden Platons verkörperten. Indem sie die hierarchische Grundform des Triumphzuges mit komplexen und allegorischen Themen verbanden, präsentierten diese Festzüge eine Prozession von Tugenden, bei denen jede die andere in ihrer Bedeutung übertrumpfte.

Klassische Themen wurden auch in Kunst und Literatur der Renaissance wiederbelebt. Gemälde, die Platons vier Kardinaltugenden – Klugheit, Gerechtigkeit, Tapferkeit und Besonnenheit – darstellten, waren beliebte Themen für Künstler. Auch bei Schriftstellern und Dichtern der damaligen Zeit war das Thema der Tugenden, die sich gegenseitig ablösen und schließlich das Böse übertrumpfen, sehr beliebt. Charaktere aus Dantes Göttlicher Komödie und Petrarcas sechsteiligem Gedicht *I Trionfi* waren jedem, selbst dem einfachen Volk, bekannt.

In *I Trionfi* beschreibt Petrarca einen jungen Mann, der an den Ort zurückkehrt, an dem er seine erste Liebe getroffen hat, ein schönes junges Mädchen namens Laura. Er schläft unter einem Baum ein und träumt vom Leben als einem Triumphzug. Ist der Mensch jung, wird er von der Liebe erobert. Wird er älter, besiegt die Sittsamkeit die Liebe. Der Tod triumphiert über die Sittsamkeit, doch der Ruhm besiegt den Tod, indem er den Namen des Mannes weiterleben lässt. Letztendlich verliert der Ruhm jedoch gegen die Zeit. Nur die Ewigkeit, in Form von ewigem Leben, kann die Zeit besiegen.

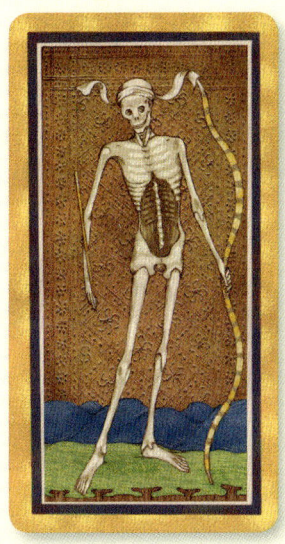

Es überrascht keineswegs, dass einige der Bilder und Themen, die den Malern und Schriftstellern der Zeit vertraut waren, auf den Visconti-Sforza-Karten erscheinen, da sowohl das Kartenspiel als auch die Kunst der gleichen kulturellen Tradition entstammen.

## DAS SPIEL

Obwohl es wahrscheinlich ist, dass die Karten bereits zu dieser
Zeit zur Wahrsagerei verwendet wurden, war der Sinn der Visconti-Sforza-Karten, ein Spiel namens *Triumphe* zu spielen. Dieser
Vorläufer von Bridge erhielt seinen Namen direkt von den Paraden
der Renaissance. Im Italienischen wird das Spiel dementsprechend

*Trionfi* genannt, wovon wiederum das englische Wort *trump* abgeleitet ist.

Der Kartensatz besteht aus achtundsiebzig Karten. Sechsundfünfzig Karten sind auf vier Farben verteilt – Schwerter, Münzen, Stäbe und Kelche. Die fünfte Kartenreihe besteht aus einundzwanzig Bildkarten, plus dem Narren, der als Joker fungiert. Es ist diese fünfte Serie, die der Trümpfe, die die neu erfundenen Karten namens Tarot von allen anderen unterscheidet.

Die Bilder auf den Trümpfen der Visconti-Sforza-Karten zeigen Standard-Themen aus der Renaissance – zum Beispiel die Sonne, den Mond und Tugenden wie Tapferkeit und Mäßigung. Die Illustrationen auf den Trümpfen anderer Tarotspiele variieren je nach Künstler, nach der Zeit und dem Ort, an dem die Karten entstanden sind. Trotz der Unterschiede in den Bildern, leichten Variationen in den Bezeichnungen der Trümpfe und einer geänderten Reihenfolge hier und da sind sich die Tarotspiele sehr ähnlich.

Die Visconti-Sforza-Trumpfkarten unterscheiden sich allerdings von anderen Tarotkarten dadurch, dass sie nicht nummeriert sind. Dennoch haben sie eine klar aufeinanderfolgende Wertigkeit, wobei die niedrigste Trumpfkarte im Deck der Magier ist und die höchste Trumpfkarte die Welt.

---

Gegenüberliegende Seite: *In diesem Detail eines Freskos von Niccolò dell'Abate aus dem sechzehnten Jahrhundert nehmen zwei Personen an einem Tarotspiel teil.*

# STIL-ELEMENTE

Der Künstler Bonifacio Bembo hatte umfangreiche Erfahrung in der Malerei, vor allem im Erschaffen der Miniaturen für bebilderte Manuskripte. Das machte ihn zu einer ausgezeichneten Wahl, um den größten Teil der Karten künstlerisch zu gestalten. Jede einzelne der exquisiten handgemalten Karten des Visconti-Sforza-Decks ist ein kleines Meisterwerk. Die Szenen sind aufwendig in Blattgold und Farben aus pulverisiertem Lapislazuli, Malachit und weiteren kostbaren Mineralien ausgeführt. Die vorherrschenden Farben sind Gold, Rot und Blau, komplizierte Muster schmücken die Hintergründe und einen Großteil der Kleidung.

In der Komposition erinnern die Karten an den von Leonardo da Vinci perfektionierten Stil. Aufzeichnungen zeigen, dass er aufgefordert wurde, mindestens zwei Triumphe-Decks zu inszenieren. Leonardos Einfluss zeigt sich in der Tiefenwirkung, die durch das Wegbrechen des Bodens an der unteren Vorderseite einiger der Visconti-Sforza-Karten entsteht, etwa bei den Karten Mond, Stern, Sonne, Tod und Mäßigung.

# DIE ERSTEN TAROTDECKS

Das Visconti-Sforza-Deck ist das vollständigste der ältesten bekannten Tarot-Decks, die noch existieren. Von seinen vierundsiebzig Karten befinden sich sechsundzwanzig in der Akademie von Carrara in Bergamo, Italien; dreizehn sind im Besitz eines privaten Sammlers in Bergamo und fünfunddreißig in der Pierpont-Morgan-Library in New York.

Die Tatsache, dass das Visconti-Sforza-Spiel die Zeit relativ heil überstanden hat, deutet darauf hin, dass es wahrscheinlich nicht sehr oft benutzt wurde. Löcher in der Oberseite lassen vermuten, dass die Karten zu dekorativen Zwecken an der Wand aufgehängt wurden. Da diese Karten nicht nummeriert sind, ist es unmöglich

festzustellen, ob das Spiel die vier fehlenden Standardkarten enthielt – den Teufel, den Turm, die Drei der Schwerter und den Ritter der Münzen. Wir gehen davon aus, dass dies der Fall war. Um dieses Spiel zu vervollständigen, wurden die vier Karten in einem Stil erstellt, der mit dem der vorhandenen Karten übereinstimmt.

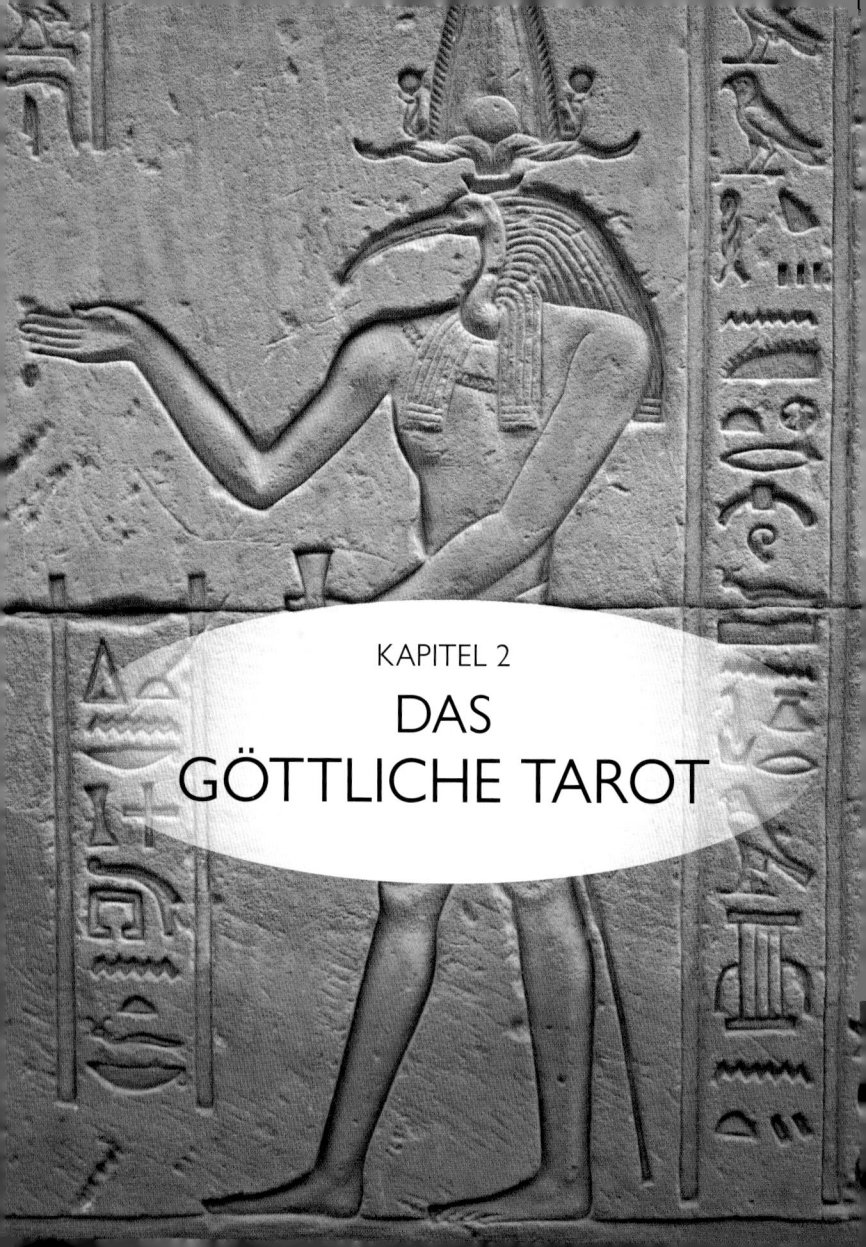

KAPITEL 2

# DAS
# GÖTTLICHE TAROT

„Wenn man erfahren würde, dass es in unseren Tagen noch ein Werk der alten Ägypter gibt, nämlich eines ihrer Bücher, das jenen Flammen entgangen ist, die ihre prächtigen Bibliotheken verschlungen haben, und das in reiner Form ihre Lehren über interessante Themen enthält, würde jeder ohne Zweifel erpicht darauf sein, ein so kostbares und bemerkenswertes Buch kennenzulernen."

Das erklärte der französische Schriftsteller Antoine Court de Gébelin im 18. Jahrhundert. Als er das erste Mal mit Tarotkarten spielte, war er so begeistert von den Kartenbildern, dass er eine Theorie formulierte, um ihren Ursprung zu erklären. Er glaubte, dass ihm durch die Tarot-Karten plötzlich die ganze Weisheit des alten Ägyptens offenbart wurde. In den Bildern sah er die Symbole der großen Zauberin

Gegenüberliegende Seite: *Der ägyptische Gott Thoth*

Isis, Göttin der Wiedergeburt und Mutter aller Dinge. Er erkannte Botschaften von Thoth, dem ägyptischen Gott, der die Naturgesetze entdeckte, die alle Aspekte menschlichen Glücks regeln. Da de Gébelin ausgiebig das Thema Okkultismus studiert hatte, sah er sich in der Lage, die Einflüsse der alten mystischen Geheimnisse in den Karten zu erkennen.

De Gébelins Theorie ist nicht so wild, wie es sich anhört. Das Karten-Deck, das er verwendete, das sogenannte Tarot von Marseille, war zu dieser Zeit in Europa ein beliebtes Standarddeck. Da alle Tarot-Karten im frühen fünfzehnten Jahrhundert entstanden, einer Zeit, in der erneut Leidenschaft für alles Mystische aufkam, spiegeln viele der Kartenmotive dieses Interesse wider.

De Gébelin erweiterte seine Theorie im achten Band seiner Enzyklopädie, *Le Monde primitif, analysé et comparé avec le monde moderne* (Die Urwelt, analysiert und verglichen mit der modernen Welt). Für ihn stellte die Urwelt das goldene Zeitalter der Menschheit dar – eine ideale Zivilisation, die intellektuell und spirituell allen anderen Zivilisationen überlegen war.

Die Bewohner dieser idealen Welt waren Anhänger von Thoth, der angeblich die Geheimnisse des Universums entschlüsselt und in einer Sammlung okkulten Wissens, dem Buch des Thoth, niedergelegt hatte. Der Legende nach wurde das Buch des Thoth in einem Tempel aufbewahrt, wo es von ägyptischen Priestern streng bewacht wurde. Laut de Gébelin waren sie es, die die Geheimnisse aus dem Buch destillierten und sie in den ersten Tarot-Bildern verschlüsselten.

LE CHARIOT

LA PAPESSE

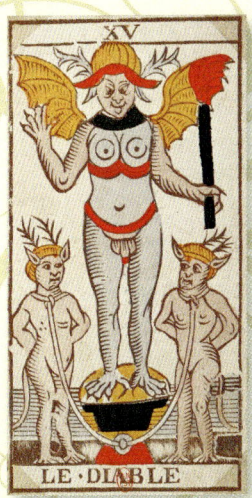

LE · DIABLE

LE MONDE

*Vier Karten
aus einem Deck
des Tarot von
Marseille in der
Bibliothèque
Nationale
in Paris*

De Gébelin stellte weiter die Theorie auf, dass das Wort Tarot der „königliche Weg zur Weisheit" bedeutet und von zwei ägyptischen Wörtern abgeleitet ist: *tar* (Straße) und *rho* (königlich). Er erläuterte auch seine Theorien über die Parallelen der Karten zur ägyptischen Mythologie. Er wies beispielsweise darauf hin, dass die siegreiche Figur auf der Karte Der Wagen der Gott Osiris war und auf der Teufels-Karte niemand anderes als der zerstörerische ägyptische Gott Set. Schließlich vermutete de Gébelin, dass die Karten vom Volk der Roma nach Europa gebracht wurden, weil man annahm, dass dieses Volk aus Ägypten eingewandert war.

Für de Gébelin spiegelten die Trumpfkarten die Schöpfungsgeschichte. Überzeugt davon, dass die Kartenreihenfolge umgedreht worden war, ordnete er das Deck entsprechend seiner Theorie neu, beginnend mit der Welt-Karte, die für ihn die Zeit repräsentierte. Sein Spiel endete mit dem Gaukler, dem Magier, der die göttlichen Elemente willkürlich und kapriziös arrangiert und neu zusammenstellt, um uns zu zeigen, dass das Leben nichts anderes als ein Glücksspiel ist. De Gébelin zog auch Parallelen zwischen den ersten vier Kartensätzen und den vier Gruppen, die die Gesellschaft ausmachten, in der er lebte. Er behauptete, die Schwerter stünden für den Adel, die Kelche für die Priesterschaft, die Stäbe für die Bauern und die Münzen für die Kaufleute.

Nachdem die Inschrift auf dem „Stein von Rosetta", entstanden 196 v. Chr., in den frühen 1800er Jahren entziffert worden war, wurde klar, dass es in der ägyptischen Sprache keinerlei Aufzeichnungen gab, die de Gébelins Theorien über den ägyptischen Ursprung des Tarots stützten. Dennoch ist Antoine Court de Gébelins

Platz in der Tarot-Lehre sicher. Er war der Erste, der das Tarot mit dem Okkulten in Verbindung brachte, und auch der Erste, der erkannte, dass das Tarot von Marseille mehr sein könnte als ein bloßes Instrument zur Unterhaltung. Er ebnete den Weg für künftige Gelehrte, die Karten nach intuitiven Bedeutungen auszuloten.

Etwa zur gleichen Zeit wie de Gébelin entwickelte Jean-Baptiste Alliette seine eigenen Theorien über das Tarot. Als junger Mann arbeitete er als Samenhändler und später als Verkäufer antiker Drucke. In seiner Freizeit studierte er sorgfältig Tarot-Decks und entwickelte systematisch seine Theorien. Wie de Gébelin glaubte auch Alliette, dass das erste Tarot-Spiel in Ägypten erfunden worden war. 1788 gründete er seine eigene Tarot-Gesellschaft, die er „Gesellschaft zur Deutung des Lebens von Thoth" nannte. Er studierte Astrologie und Numerologie und war der Erste, der Wege fand, diese mit dem Tarot zu verbinden.

Obwohl es einige Hinweise gibt, dass Tarot-Karten bereits in der Renaissance zur Wahrsagerei verwendet wurden, war es Alliette, auch bekannt als Etteilla (sein Nachname rückwärts geschrieben), der als Erster ein Tarot-Spiel speziell für diesen Zweck entwickelte. Etteilla werden auch einige andere Neuerungen zugeschrieben: Er schrieb das erste Buch darüber, wie man Tarot-Karten auslegt und wie man eine Deutung aufbaut; er prägte das Wort *Kartomantie* für das Studium der Tarot-Karten zur Verwendung in der Wahrsagerei. Und er wurde der erste professionelle Tarot-Deuter.

Bis 1791 hatte Etteilla sein eigenes Tarot-Deck mit dem Namen „Grand Etteilla" entwickelt. Für dieses Spiel änderte er das Design vieler Karten und ordnete ihre Reihenfolge neu. Es gab noch weitere Neuerungen. Er nummerierte die Karten von 1 bis 78, wobei der Narr als letzte Karte kommt. Und obwohl sein Tarot Standardkarten wie den Magier, den Wagen und den Tod enthielten fügte er eine Reihe von unbekannten Karten ein, wie den Himmel, das Chaos, die Klugheit und den Fisch. Alle seine Karten sind an beiden Enden beschriftet, so dass sie unterschiedliche Schlüsselwörter anzeigen, je nachdem, ob die Bilder aufrecht oder umgedreht sind. Auf bestimmten Karten in seinem Deck hat er die Tierkreiszeichen und die vier Elemente Luft, Wasser, Erde und Feuer abgebildet.

Ein weiterer wichtiger Beitrag Etteillas zum Kartenlegen war seine Anregung, dass eine Tarotkarte die Interpretation der gesamten Legung beeinflussen kann, je nachdem, in welcher Beziehung die Karte zu den umliegenden Karten steht und auf welche Weise sie gemeinsam ein Ganzes bilden. Etteillas Begeisterung für das Kartenlegen kannte keine Grenzen. Von Zeit zu Zeit nutzte er alle achtundsiebzig Karten, um die größte Tarot-Auslegung zu machen, die je gelegt wurde. Er nannte diese großartige Konfiguration „Die Große Figur des Schicksals".

Gegenüberliegende Seite: *Vier Karten aus einer Version des Etteilla-Tarot-Spiels aus dem neunzehnten Jahrhundert*

**W**ir wissen heute, dass die ersten Tarot-Spielkarten nicht in Ägypten entstanden sind, sondern im Mailand des 15. Jahrhunderts, zu Beginn der Renaissance. Ein Merkmal dieser intellektuell pulsierenden Ära waren die Verschmelzung und Synthese einer reichen Vielfalt kultureller und spiritueller Traditionen in ein einheitliches Ganzes. Der Reichtum an Ideen, die aus den verschiedensten Denkschulen stammten, machte Italien zu einer Hochburg schöpferischer Aktivitäten.

Dieses Kapitel wird einige dieser Denkrichtungen kurz zusammenfassen, einschließlich der wiederbelebten Philosophien des antiken Griechenlands, Roms und Ägyptens. Nachdem wir die Repräsentanten dieser Ideen in der Bildsprache der Visconti-Sforza-Karten identifiziert haben, wird offensichtlich, dass dieses Spiel viel mehr ist als eine Zusammenstellung von Spielkarten. Obwohl das erste Tarot-Spiel, das ausdrücklich für die Wahrsagung geschaffen wurde, nicht vor dem 18. Jahrhundert entstand, macht der Reichtum der Symbolik im Visconti-Sforza-Tarot es zu einem idealen Instrument für die Divination und Selbsterkundung.

Obwohl das Tarot seinen Ursprung nicht in Ägypten hatte, sind doch einige der Konzepte dort entstanden. Sie entstammen der philosophischen Denkschule, die als Hermetik bekannt ist, und

---

Vorherige Seite: *Die Verehrung des klassischen Denkens ist in diesem Fresko, das Raphael zwischen 1509 und 1511 für Papst Julius II. malte, wunderbar verkörpert.*

wurden zuerst in einer Sammlung von antiken Texten aufgezeichnet, die heute *Hermetica* genannt werden.

Die im zweiten und dritten Jahrhundert geschriebenen Texte waren eine Mischung aus Mythologie, Philosophie, Astrologie und magischen Künsten, die, obwohl sie von verschiedenen Autoren verfasst wurden, direkt vom mythischen Thoth stammen sollten.

Ein Jahrhundert später, nach der Eroberung Ägyptens durch Alexander den Großen im Jahr 334, machten sich die Griechen Thoth zu eigen und tauften ihn in Hermes Trismegistus um, was erklärt, warum die mystische Philosophie, die mit einem ägyptischen Gott assoziiert wird, nach einem griechischen Gott benannt ist. In den ägyptischen Texten folgte auf den Namen Thoth gewöhnlich die Phrase „groß, groß, groß". Um zu zeigen, dass Hermes mit Thoth identisch war, fügten die Griechen dem neuen Namen *Trismegistus* hinzu, was eben „dreifach groß" bedeutet.

Die Hermetik suchte nach einer Antwort auf das menschliche Dilemma schlechthin – wie man den Tod überwindet und Unsterblichkeit erlangt. Basierend auf der Idee, dass jeder Mensch eine unsterbliche Seele besitzt, die in einem sterblichen Körper gefangen ist, glaubten die Anhänger der Hermetik, dass es möglich sei, unsterblich zu werden und sich dem Schöpfer im himmlischen Reich jenseits der Planeten anzuschließen. Der von der *Hermetica* angebotene Plan zur Erlangung der Unsterblichkeit war zwar mühsam, doch er beinhaltete auch Meditation und Rituale in Kombination mit verschiedenen anderen spirituellen und magischen Praktiken.

„Schaue, höre und verstehe.
Du siehst die sieben Sphären allen
Lebens. Durch sie wird der Fall und
Aufstieg der Seelen vollzogen."

Die Vision, Das zweite Buch der *Hermetica*

## DIE VISION

Während der Renaissance fanden die in der *Hermetica* enthaltenen Elemente einen neuen Ausdruck in der Kunst des Visconti-Sforza-Tarot-Spiels und später im Tarot von Marseille. Ein Blick auf die Mythologie, die mit dem hermetischen Denken verbunden ist, kann uns helfen, diese Elemente zu identifizieren.

Im ersten Buch der *Hermetica* erfahren wir, dass Hermes eine göttliche Offenbarung erhielt, durch die er all das lernte, was es zu wissen gibt. Er fand z. B. heraus, dass der Schöpfer sein himmlisches Licht in den vier Elementen Erde, Luft, Feuer und Wasser hatte scheinen lassen, um die Erde und die sieben Planeten zu formen. Für die alten Astronomen galten Sonne und Mond als Planeten, ebenso wie Merkur, Venus, Mars, Jupiter und Saturn. Alle sieben umkreisten zusammen mit den Sternen die Erde, die wiederum stationär war.

Der Schöpfer offenbarte Hermes auch, wie der erste Mensch entstanden ist. Ihm wurde gesagt, dass Gott die erste Person nach seinem und ihrem eigenen Ebenbild erschaffen hatte; und da dieser neue Mensch ein Abbild Gottes war, war das neu geschaffene Wesen zweigeschlechtlich und atemberaubend schön. Der Schöpfer hatte diesem ersten Menschen erlaubt, in das Reich der Planeten hinabzusteigen, wo alle sieben Planeten von der Pracht ihres Wesens überwältigt waren.

Die Erde verliebte sich ebenfalls und schenkte dem bisexuellen Wesen einen Körper, während die sieben Planeten, in der Hoffnung, die Person ganz für sich zu behalten, ihr sieben wenig attraktive Geschenke machten – die Laster der Völlerei, der List, der Wollust, der Arroganz, der Kühnheit, der Gier und der Falschheit.

Oben: *Der Herr, der die Sonne und den Mond erschafft, von Federico Zuccaro, 1566–69*

# DAS MYSTISCHE TAROT

Der Wunsch der Planeten, das Wesen für sich zu behalten, ging nicht in Erfüllung. Der Schöpfer teilte diese erste Person in zwei Teile und formte einen Mann und eine Frau. Ihre Aufgabe war es, die Erde zu bevölkern. Doch das vollkommene Glück würde für immer unerreichbar sein, denn das Schicksal hatte die Menschheit dazu verdammt, den Schmerz des Todes zu erleiden. Jeder sterbliche Körper enthielt jedoch eine Seele, die ewig war. Um nach dem Tod die Einheit mit dem göttlichen Schöpfer zu erreichen, musste die Seele die Stufen der Planetenleiter erklimmen und dabei ihre Laster ablegen. Diese Reise der Reinigung würde fortgesetzt, bis die Seele schließlich das himmlische Reich erreicht.

Es ist diese Reise – der Prozess der Wiedervereinigung mit dem Göttlichen –, die symbolisch in den Bildern der Trümpfe widerhallt. Die sieben Himmelskörper, also die fünf Planeten, die Sonne und der Mond, sind die Grundlage für mystische Assoziationen mit der Zahl Sieben und spiegeln sich in der Anordnung der 21

„Dann, wenn die Seele von allen Ansammlungen der sieben Ringe entblößt ist, kommt sie in die achte Sphäre."

Hermes Trismegistus

hierarchischen Trümpfe wider, die in drei Siebenergruppen unterteilt sind. Die ersten sieben, vom Magier bis zum Wagen, stellen weltliche Figuren dar. Die zweite Gruppe, von der Gerechtigkeit bis zur Mäßigung, stellt spirituelles Wachstum durch Leiden und Akzeptanz der Tugenden dar. Die dritte Gruppe, vom Teufel bis zur Welt, zeichnet die Reise der Seele in das himmlische Reich oder zur Erleuchtung nach.

*Der hermetische Kosmos*

> „Hast du jemals gespürt, dass unsere
> Seele unsterblich ist und niemals stirbt?"

Platon, *Der Staat*

## DER WEG ZUR ERLEUCHTUNG

Für den griechischen Philosoph Platon, der im dritten Jahrhundert v. Chr. lebte, wies die Vergänglichkeit des Körpers in Verbindung mit der Fähigkeit des Menschen zum abstrakten Denken darauf hin, dass es etwas jenseits der Welt der Materie gab. Etwas, das über Fleisch und Knochen hinausging. Dieses unaussprechliche Etwas war die Seele. Wenn so viele der Qualitäten, die die Seele ausmachen, nicht gesehen werden können, schlussfolgerte Platon, dann müsse sie Teil von etwas Größerem sein, eine Art geistiger Einheit, die er das Eine nannte. Und nach dem Tod, so dachte er, sei es die Aufgabe jeder Seele, sich mit dem Einen wieder zu vereinen. In seinem Meisterwerk *Der Staat* entwarf Platon eine Allegorie, in der die Menschheit zu einem Leben in Dunkelheit in einer Höhle tief unter der Erde verurteilt ist. In dieser Welt ist das Leben nichts als eine Illusion. Platons Held, ein Liebhaber der Wahrheit, sehnt sich nach dem Sonnenlicht und gibt nicht auf, bis er, vom

Licht nach oben gezogen, zum Eingang der Höhle aufgestiegen ist und die endgültige Erleuchtung findet.

Platons Philosophie der Seele wurde im dritten Jahrhundert n. Chr. modifiziert, um das Konzept von Gott einzubeziehen. Diese aktualisierte Version, Neuplatonismus genannt, bezog verschiedene Strömungen des religiösen Denkens mit ein und enthielt biblische Bezüge sowie auch Mystik. Die Verbindung zwischen Wahrheit und Licht blieb ein bestimmendes Konzept. Der Neuplatonismus erlebte seine Blütezeit in der Renaissance, und Anklänge daran sind im Tarot zu finden. Es ist kein Zufall, dass drei der höchsten Trümpfe im Visconti-Sforza-Spiel der Stern, der Mond und die Sonne sind. Diese hierarchische Folge endet mit der Welt-Karte, die ein Bild des Neuen Jerusalems zeigt, der Verkörperung des Himmels, wie er im Buch der Offenbarung beschrieben wird.

# DIE ALCHIMISTISCHE VERBINDUNG

Die hermetische Strömung, die während der Renaissance wieder-belebt wurde, beinhaltete eine Faszination für das Okkulte und die magischen Künste, einschließlich der Alchemie. Der berühmteste alchemistische Text ist *Die Smaragdtafel,* die der Legende nach von Hermes Trismegistus selbst geschrieben wurde. Das Studium der Alchemie, der uralten Wissenschaft der Verwandlung von unedlen Metallen in Gold, verbreitete sich während des Mittelalters in ganz Westeuropa und setzte sich in der Renaissance fort. Bevor wir die Verbindung zwischen der Alchemie und dem Tarot näher betrach-ten, ist es hilfreich, einige der Grundprinzipien der Alchemie zu verstehen.

Die Alchemie ist eine Philosophie, deren Hauptgrundsatz darin besteht, um den Tarot-Forscher Robert M. Place zu zitieren, „dass alle Dinge lebendig sind, einschließlich Steine und Mineralien, und

> „Alchemie ist die Kunst, das Nützliche vom Unnützlichen zu trennen, indem man es in seine höchste Materie und Essenz verwandelt."

Philippus Aureolus Paracelsus

dass alle ein gemeinsames Ziel haben: sich in ihren höchsten Seinszustand zu entwickeln." *Die Smaragdtafel* liefert eine detaillierte Beschreibung der Transmutation, des alchemistischen Prozesses der Veränderung. In diesem Glaubenssystem ist die höchste Form einer Pflanze eine Rose, die eines Metalls ist Gold und die eines Menschen Weisheit. Um ihre höchste Form zu erreichen, müssen die Substanzen von allen Verunreinigungen getrennt werden.

Da die Alchemisten glaubten, dass sich Blei mit der Zeit in Gold umwandeln könnte, versuchten sie, diesen Prozess zu beschleunigen. Zu diesem Zweck verbrachten sie ihr Leben mit der Suche nach dem Katalysator, der dieses Wunder der Verwandlung ohne

Zwischenschritte vollbringen würde. Sie nannten ihre Suche das *Magnum Opus,* lateinisch für „das große Werk", und die magische Substanz, die sie suchten, den Stein der Weisen oder *Anima Mundi,* die „Weltseele".

Der Alchemist, *ein Fresko aus dem Zyklus „Die Arbeitswelt" von Nicolò Miretto und Stefano da Ferrara, nach Giotto, um 1450*

„Alchemie ist die Kunst, das Leben und das Bewusstsein in der Materie zu manipulieren, um ihm zu helfen, sich zu entwickeln, oder um Probleme innerer Disharmonien zu lösen."

Jean Dubuis

## SPIRITUELLES GOLD

Obwohl die Praktiker des *Magnus Opus* weiterhin nach dem „Stein der Weisen" suchten, war für einige von ihnen der Fokus mehr spirituell als materiell. Für sie bestand die übergeordnete Suche darin, einen Weg zu finden, die menschliche Seele durch eine mystische Transformation zu vervollkommnen. Um dieses Ziel zu erreichen, erforschten sie Träume, Visionen und Symbole. Die Trümpfe erzählen die Geschichte der symbolischen Reise des spirituellen Aufstiegs, die diese grundlegende Philosophie widerspiegelt.

Auf der Visconti-Sforza-Karte Glück dreht eine Glücksfee mit verbundenen Augen ihr Rad, umgeben von vier Figuren, die jeweils eine kaum sichtbare Schriftrolle in der Nähe liegen haben. Auf der Schriftrolle der linken Figur steht *Regnabo* („Ich werde herrschen"), auf der der oberen Figur *Regno* („Ich herrsche") und auf

der rechten Figur *Regnavi* („Ich habe geherrscht"). Alles auf dem Rücken eines bettelarmen, resignierten alten Mannes ausbalanciert, auf dessen Schriftrolle wiederum *Sum sine regno* („Ich bin ohne Herrschaft") steht. Die Botschaft könnte nicht deutlicher sein. Das Streben nach Ruhm und Reichtum ist niederer Instinkt (Blei). Indem man sich von hemmungslosem Ehrgeiz befreit, kann man Transformation erreichen und der Erleuchtung einen Schritt näherkommen (Gold).

„Erst durch die Alchemie habe ich klar
verstanden, dass das Unbewusste ein
Prozess ist und dass die Verbindung
des Egos mit dem Unbewussten und
seinen Inhalten eine Evolution, genauer
gesagt eine wirkliche Metamorphose der
Psyche einleitet.“

C. G. Jung

## MODERNE INTERPRETATIONEN

Die Arbeit des Schweizer Psychologen C. G. Jung begründete das
Wissen um die mächtige Rolle, die Bilder im Leben des Geistes
spielen. Beim Vergleich von Überlieferungen verschiedener Kulturen über Jahrhunderte hinweg stellte er fest, dass die Bilder, die
weltweit im Unbewussten verankert sind, einander bemerkenswert
ähnlich sind und universelle Themen widerspiegeln. Jung nannte
diese Bilder Archetypen. Zu ihnen gehören zum Beispiel der weise
Alte, der Held, der Betrüger, die Mutter und das unschuldige Kind.

Es ist wahrscheinlich kein Zufall, dass mehr als nur ein paar Beispiele dieser archetypischen Bilder im Tarot auftauchen.

In seinen Schriften gab Jung Beispiele für Glaubenssysteme, die Archetypen enthalten, darunter Alchemie und Yoga, und bemerkte: „Es scheint auch, als ob die Bilder in den Tarot-Karten entfernt von den Archetypen der Transformation abstammen." Für Tarot-Ex-

pertin Cynthia Giles verleiht Jungs Aussage „der Vorstellung von persönlichem Wachstum durch das Studium des Tarots eine gewisse Legitimität". Nur wenige würden den Wert des Auslotens unserer Träume bestreiten, um versteckte Motivationen und vergrabene Emotionen aufzudecken. Jung bestätigte die Bedeutung von Mythen, Fabeln, Träumen und Volksmärchen bei der Aufdeckung verborgener Motivationen und verschütteter Emotionen. Durch ihre Symbolik können die Tarotkarten genau diese Funktion erfüllen, mit dem Unterschied, dass sie dies tun, während wir wach sind.

---

*Im Visconti-Sforza-Tarot-Deck ist Il Tempo („Zeit"), auch der Eremit genannt, die Personifizierung des weisen alten Menschen.*

# KAPITEL 4

# DIE TRÜMPFE

> „Das wahre Tarot ist Symbolismus;
> es spricht keine andere Sprache und
> bietet keine anderen Zeichen."

Arthur E. Waite, *Soul Symbols*

Archivdokumente zeigen, dass Marziano da Tortona, Astrologe und Kartengestalter, einmal seinen Kunden Herzog Filippo Visconti fragte, ob es für einen ernsten und tugendhaften Mann angemessen sei, Zeit mit einem Kartenspiel zu verbringen. Visconti antwortete, wenn das Spiel in der Philosophie, die es vertritt, tugendhaft sei, dann sei es in der Tat eine lohnende Beschäftigung. Diese historische Anekdote bekräftigt die Ansicht der Renaissance-Gelehrten, dass alle Kunstwerke, gerade auch die Spiele, bedeutungsvolle Ideen durch Metaphern und Allegorien ausdrücken.

---

Gegenüberliegende Seite: *Ein Detail der nachgebildeten Turmkarte aus dem Visconti-Sforza-Deck*

Das Visconti-Sforza-Tarot-Deck ist ein perfektes Beispiel für diese Tradition. Einige haben vorgeschlagen, dass die Tarot-Trumpfkarten, wenn sie als drei Kapitel einer Geschichte betrachtet werden, Allegorien für Platons Theorie der dreiteiligen Seele sind: die Seele der Begierde, die Seele des Willens und die Seele der Vernunft. Für Platon war es notwendig, die drei Seelenzentren zu integrieren, indem man sie durch die Tugenden läutert. Diese Allegorie wird im Tarot verwirklicht, indem man sich vom niedrigsten Trumpf zum höchsten weiterbewegt. Die ersten sieben Tarot-Trümpfe in der Hierarchie entsprechen der Seele der Begierde und werden durch die Tugend der Mäßigung gereinigt. Der zweite Satz entspricht der Seele des Willens, symbolisiert durch den Wunsch nach Macht und Status. Die Seele des Willens wird durch die Tugend der Tapferkeit oder Stärke geläutert. Die letzten sieben Trümpfe repräsentieren den Kampf der Seele der Vernunft, die Kontrolle über die Seele des Willens zu erlangen, irrationale Impulse, die durch den Teufel personifiziert werden. Sobald diese drei Aspekte der Seele geläutert sind, kann die Seele als Einheit funktionieren, die Gerechtigkeit kann herrschen, und die Seele ist frei, höher und höher zu Himmelskörpern von zunehmender Helligkeit aufzusteigen, zu Stern, Mond und Sonne. Schließlich wird sie ihre neoplatonische Heimat im Himmel erreichen, die durch die Weltkarte dargestellt wird.

Sicher hast du den Begriff *Große Arkana* schon einmal gehört oder gesehen, wenn es um die Trümpfe geht. Da dieser Begriff aber erst über vierhundert Jahre nach der Entstehung der ersten Tarot-Karten geprägt wurde, trifft er auf die Visconti-Sforza-Trümpfe nicht zu. Jeder Trumpf in diesem Spiel wird mit zwei Namen bezeichnet: seinem ursprünglichen italienischen Namen und dem Namen, der dem modernen Tarot-Deuter wohl am ehesten bekannt ist. Es gibt zweiundzwanzig Trumpfkarten, von denen einundzwanzig zwar nicht nummeriert sind, aber eine feste Reihenfolge haben. Die zweiundzwanzigste Karte, der Narr, hat keinen festen Platz in der Hierarchie der Trümpfe, sie kann entweder an erster (wie im Visconti-Tarot) oder letzter Stelle stehen.

In diesem Kapitel werden wir die symbolische Bildsprache der Trümpfe im Visconti-Sforza-Spiel erforschen. Diese Karten repräsentieren durch die Archetypen alle Freuden und Sorgen, die ein Mensch im Laufe seines Lebens erleben kann. Die Art und Weise, in der man auf die einzelnen Bilder reagiert, bietet eine Möglichkeit, Einsicht in die eigenen Emotionen und Denkmuster zu gewinnen.

# DER NARR
## *IL MATTO*

Diese bekannte Figur aus der Renaissance wurde ursprünglich *Il Matto*, „Der Verrückte", genannt. Er trägt zerrissene Kleidung, lange abgewetzte Socken und dazu Federn, die aus seinem wilden Haar herausragen. All das sind Hinweise, dass diese Figur nicht gut auf das Leben vorbereitet ist und jede Lektion durch Versuch und Irrtum lernen muss. Als Archetyp der Unschuld ist der Narr der sprichwörtliche „ahnungslose Engel", der Lektionen durch Erfahrung erlernen muss. Er ist ganz unbedarft und steht am Anfang seiner Reise, auf der er Weisheit erlangen soll und wird.

**Aufrecht:** Unschuld; verheißungsvoller Beginn neuer Abenteuer und Möglichkeiten; begeisterte Bereitschaft, sich zum Narren zu machen, um sein höheres Selbst zu erreichen.

**Umgekehrt:** Fehlentscheidungen und schlechte Entscheidungsfindung sind im Spiel oder zeichnen sich ab.

# DER MAGIER
## *LA BAGATELLA*

Der erste Trumpf in der Hierarchie ist der Magier, der erste Führer im Streben nach Weisheit. Seine Kleidung weist darauf hin, dass er höchstwahrscheinlich ein Trickster oder ein Karnevalskönig ist, eine beliebte Figur aus den Trümpfen. Im Italienischen bedeutet *la bagatella* „etwas von geringer Bedeutung". Der Magier repräsentiert die Seele der Begierde, die unterste Sprosse auf der Leiter zur Selbstverwirklichung. Er sitzt auf einem kunstvoll verzierten Baumstamm vor einem schlichten Tisch, auf dem ein Messer, ein Becher oder Kelch, zwei Münzen und eine große, abgedeckte Schale angeordnet sind. Seine rechte Hand ruht auf der Schale, und in der linken Hand hält er einen Stab. Symbolisch steht der Kelch für ein gutes Motiv, das Messer für einen klaren Plan, der Stab für Enthusiasmus und die Münzen für alles, was praktisch ist. Und wer weiß, was sich in der Truhe verbirgt? Mit diesen Elementen ist alles möglich.

**Aufrecht:** Eine günstige Karte, um etwas Neues zu beginnen; sie zeigt Phantasie, Originalität, Geschicklichkeit, die zum Guten oder Schlechten genutzt werden kann.

**Umgekehrt:** Weigerung, sich zu engagieren; Suche nach einem einfachen Ausweg; Schwäche.

# HOHEPRIESTERIN
## *LA PAPESSA*

Die Tarot-Gelehrte Gertrude Moakley hat aufgrund ihrer umfangreichen Forschungen die Vermutung geäußert, dass es sich bei dem Bild auf dieser Karte, die im Italienischen ursprünglich *La Papessa* („Die Päpstin") hieß, um Schwester Manfreda handelt, eine Verwandte der Familie Visconti und Mitglied einer kleinen ketzerischen Sekte namens Guglielmites. Diese Sekte wählte Schwester Manfreda zu ihrer Päpstin, in Übereinstimmung mit ihrem Glauben, dass das von Männern dominierte Papsttum bald durch eine Linie von weiblichen Päpsten ersetzt werden würde. Die Hohepriesterin sitzt auf einem Thron und trägt eine dreifache Krone, das Symbol der päpstlichen Autorität. Als Hohepriesterin repräsentiert sie Macht, eine zeitliche Qualität, die von der Seele der Begierde beherrscht wird. Aber sie ist auch ein Symbol für die Seele des Willens, die hohe Ziele anstrebt und scheinbar unerreichbare Ziele furchtlos in die Tat umsetzt.

**Aufrecht:** Gutes Urteilsvermögen; solide Intuition; eine gute Karte, um spirituelle Entwicklung zu zeigen; heitere Weisheit; platonische Liebe; Introspektion; tiefe, verborgene Gefühle.

**Umgekehrt:** Unfähigkeit, Spiritualität nutzbar zu machen; Egoismus; Oberflächlichkeit.

Das Visconti Sforza Tarot

# DIE KAISERIN
## *L'IMPERATRICE*

Die Kaiserin hält in der rechten Hand ein Zepter und in der linken einen Schild mit einem schwarzen Adler, dem Wappen des römischen Kaisers und seiner Frau. Dies ist die erste Karte, die die Wappen der beiden Familien Visconti und Sforza vereint. Die Kaiserin ist in ein Gewand gekleidet, in das drei ineinander verschlungene Diamantringe eingewebt sind, die die Familie Sforza repräsentieren. Auf dem Kopf trägt sie die Krone der Visconti. Als Archetyp der Erdmutter verkörpert die Kaiserin weibliche Attraktivität und Fruchtbarkeit. Kombiniert mit ihrer Krone, dem Zepter und dem Schild ist sie die Verkörperung weiblicher Macht.

**Aufrecht:** Weibliche Kraft; Fruchtbarkeit; weiblicher Charme; Sachlichkeit; Entschlossenheit; mütterliche Liebe; materieller Reichtum.

**Umgekehrt:** Unfruchtbarkeit; Untreue; Ängstlichkeit.

# DER KAISER
## *L'IMPERATORE*

Als Symbol seiner Autorität ist der kaiserliche Globus prominent in der Handfläche des Kaisers dargestellt. Die Wappen beider Familien spiegeln sich im kaiserlichen Gewand wider, die dreifachen Ringe der Sforza und die Krone der Visconti. Auf seiner Krone ist das Wappen des Heiligen Römischen Kaisers zu sehen, der Reichsadler.

Die männliche Macht wird außerdem verkörpert durch den wallenden weißen Bart des Kaisers, Archetyp der antiken Weisheit, Krone, Zepter und Reichsapfel.

**Aufrecht:** Stabilität; weltliche Macht; Kontrolle über das eigene Ego; kann auch eine Begegnung mit dem Gesetz oder jemanden in einer Autoritätsposition andeuten; ein Versprechen auf Sieg.

**Umgekehrt:** Eine Warnung, jemandem nicht zu vertrauen, der Macht über einen ausübt; mangelnde Kontrolle; kleinliche Emotionen; Versagen aufgrund der Unfähigkeit, sich zu konzentrieren.

# DER PAPST
## *IL PAPA*

Im wirklichen Leben besitzt der Papst das Recht, den Kaiser zu krönen, und seine Position in der Trumpf-Reihenfolge stellt ihn entsprechend über die anderen Herrscher. Die rechte Hand des Papstes ist zum Zeichen des Segens erhoben, in der linken Hand hält er das päpstliche Kreuz. Er trägt die dreistufige Krone, die die päpstliche Autorität symbolisiert und die Einheit von Geist, Körper und Seele darstellt. Sein weißer Bart ist ein Archetyp für Weisheit, während seine weiße Tunika die Reinheit der Seele darstellt. Gemeinsam stehen Gewand, Krone und Kreuz für Zeremonie und Ritual und verleihen seinem Auftreten historische Bedeutung und Ernsthaftigkeit. Trotz des erhabenen Titels ist alle Macht zeitlich begrenzt, was durch die Position des Papstes in den Trümpfen symbolisiert wird.

**Aufrecht:** Spiritualität; Mitgefühl; Vergebung; eingeschränktes Denken; Konformität.

**Umgekehrt:** Verletzlichkeit; unvernünftige Großzügigkeit; Nonkonformität; Ablehnung der orthodoxen Lehre; im Extremfall Leichtgläubigkeit wie beim Festhalten an einem Kult.

# DIE LIEBENDEN
## *L'AMORE*

Es wird allgemein angenommen, dass es sich bei den Figuren auf dieser Karte um Francesco Sforza und Bianca Maria Visconti handelt. Der italienische Name der Karte *L'Amore* („Die Liebe"), das Fehlen von Gesichtsausdrücken und die Sparsamkeit der Details deuten darauf hin, dass hier die Liebe selbst das eigentliche Thema ist und nicht die konkreten Liebenden. Überragt von einem geflügelten Amor, wurde die Pose des Liebespaares von den üblichen Verlobungsporträts inspiriert, wie sie zu dieser Zeit auf Hochzeitstafeln und Hochzeitserinnerungsstücken erschienen. Amor steht über den Liebenden auf einem Podest, um zu zeigen, dass er mächtiger ist, als sie es sind. Er trägt eine Augenbinde, um auf die Zufälligkeit seiner Pfeile und die unerklärlichen Gründe, warum Menschen sich verlieben, hinzuweisen. In der Renaissance galt Amor als ein problematischer Typ, der die Seele der Begierde verkörperte und dessen Lust in der Institution der Ehe gebändigt werden musste.

**Aufrecht:** Harmonie; Liebe; Vertrauen; Ehre; Freude; die Erfüllung von Wünschen; eine neue Beziehung oder ein neues Stadium einer bestehenden Beziehung.

**Umgekehrt:** Wankelmütigkeit; Mangel an Vertrauen.

Das Visconti Sforza Tarot

# DER WAGEN
## *IL CARRO TRIUMPHALE*

Keine Karte verdeutlicht den Einfluss der Triumphzüge auf das Tarot mehr als der Trumpf des Wagens, der ursprünglich *Il Carro Triumphale* („Der Triumphwagen") hieß. Bianca Maria verkörpert hier Laura, die Protagonistin aus Petrarcas *I Trionfi*.

Als Lenkerin des Wagens stellt Laura mehrere Autoritäts-Symbole zur Schau, darunter die goldene Krone, das Zepter, das sie in der einen Hand trägt, und den kaiserlichen Globus, den sie in der anderen hält. Indem sie das neuplatonische Streben nach Unsterblichkeit verkörpert, manifestiert sich Laura als Archetypus für den Helden. Als solcher muss sie ihren Willen über die geflügelten Pferde ausüben – von denen eines die Seele der Begierde und das andere die Seele des Willens repräsentiert. Sie wiederum führt den gesamten Wagen und damit die Seele zur Erleuchtung.

**Aufrecht:** Konflikt; Turbulenzen; bevorstehende Reise; innerer Kampf, um körperliche und geistige Kräfte im Gleichgewicht zu halten; Suche nach Wahrheit und Harmonie.

**Umgekehrt:** Scheitern; Niederlage.

# GERECHTIGKEIT
## *LA GIUSTIZIA*

Die Gerechtigkeit führt die zweite Gruppe der Trümpfe an, und es ist die Aufgabe dieser Tugend, die Seele des Willens herauszufordern. In ihrer linken Hand hält die Figur die Waage der Gerechtigkeit, den Archetyp für Fairness und Gleichgewicht; in ihrer rechten Hand hält sie ein zweischneidiges Schwert. In Übereinstimmung mit den Konventionen der Zeit spielt sich auf dieser Trumpf-Karte ein eigenes Drama ab. Über der Gerechtigkeit, wie in einem Traum oder in ihrer Vorstellung, galoppiert ein gepanzerter Ritter auf einem weißen Hengst durch den goldenen Bogen, der ihre Krone umrahmt. Er schwingt sein Schwert, bereit, sie und ihre Sache zu verteidigen, in Übereinstimmung mit der ersten Regel der Ritterlichkeit – nämlich das zu verteidigen, was fair und gerecht ist. Die Sonnenstrahlen scheinen wohlwollend von der linken und rechten oberen Ecke der Karte herab.

**Aufrecht:** Fairness; Ausgewogenheit; Ehre; Unparteilichkeit; gute Absichten; Gleichgewicht und Ausgeglichenheit; jemand, der freundlich ist und Rücksichtnahme von anderen schätzt.

**Umgekehrt:** Bigotterie; falsche Anschuldigungen; Missbrauch; Intoleranz.

Das Visconti Sforza Tarot

# DER EREMIT
## IL TEMPO

Der Eremit mit wallendem weißem Bart, dem Archetyp für Weisheit, hält in der linken Hand einen Stab oder Spazierstock und in der rechten Hand eine Sanduhr. Er betrachtet die Sanduhr in dem Bewusstsein, dass die Zeit schnell vergeht. Sein prächtiger und zweifach goldverzierter Pelzhut deutet auf einigen Wohlstand hin. Dieses Bild des alten Mannes als Verkörperung der Zeit (*Il Tempo*) verdankt seine Entstehung der Figur der Zeit, wie sie auf den Seiten von Petrarcas *I Trionfi* dargestellt ist. Diese wurde von klassischen Darstellungen des Saturn abgeleitet, dem Gott der Zeit, der ebenfalls als buckliger alter Mann dargestellt wurde. Ein interessanter Nebenaspekt bei der Interpretation der Kartensymbolik ist, dass in Italien die Anhänger von Buckligen als Glücksbringer getragen werden.

**Aufrecht:** Eine Mahnung, eine Bestandsaufnahme der eigenen Handlungen vorzunehmen, um sicherzustellen, dass sie sinnvoll sind, bevor es zu spät ist; Wachsamkeit; Umsichtigkeit.

**Umgekehrt:** Impulsivität; törichte Eile; Misserfolg durch mangelnde Aufmerksamkeit.

# DAS GLÜCKSRAD
## *LA RUOTA DELLA FORTUNA*

Das Glücksrad [1] wird mit der Zeit und der physischen, chronologischen Welt in Verbindung gebracht, in der nichts gleich bleibt. Die blinde Fortuna, als Verkörperung der Indifferenz und Gleichgültigkeit, ist unempfänglich für die Schicksale der Menschen um sie herum. Die Figuren oben und links von Fortuna tragen Eselsohren, die Figur rechts hat einen Schwanz. Ein alter Mann in zerfledderter Kleidung trägt sie allesamt auf seinem Rücken. Diese Karte zeigt an, dass das Leben Veränderung bedeutet. Steht die Karte in aufrechter Position, ist alles rosig; umgekehrt jedoch keineswegs.

**Aufrecht:** Schicksal; das Ende eines Problems; ob das Ergebnis gut oder schlecht ist, hängt von den Karten ab, die ihr am nächsten liegen.

**Umgekehrt:** Unterbrechung; Umkehrung des Schicksals; wiederholtes Pech aufgrund der Unfähigkeit, aus Erfahrungen zu lernen.

Das Visconti Sforza Tarot

# STÄRKE
## *LA FORTEZZA*

Der Kunststil dieser Karte deutet darauf hin, dass sie nicht von Bonifacio Bembo gemalt wurde. Die Gesichtszüge des jungen Mannes sind nicht so ausgearbeitet und fein wie die der Figuren auf den vorherigen Trumpfkarten. Sie wurden wahrscheinlich von einem Künstler namens Antonio Cicognara erschaffen. Die Stärke wird hier in der Figur des Herkules aus der griechischen Mythologie personifiziert. Diese Stärke ist die Disziplin, die die Seele braucht, um ihre Reise zu vollenden.

Der Löwe steht für das aufgeblasene Ego, das vor allem nach Ruhm und Reichtum strebt. Die Kraft der Stärke entspringt dem Mut, der im Herzen wurzelt. Stärke ist also die Qualität, die man braucht, um die Machtgier des Menschen zu zähmen.

**Aufrecht:** Körperliche Stärke; Geist über Materie; Selbstdisziplin; Entschlossenheit; Heldentum.

**Umgekehrt:** Kleinlichkeit; Ohnmacht; Machtmissbrauch.

# DER GEHÄNGTE
## IL TRADITORE

Die Figur auf der Karte hängt kopfüber, sie ist mit ihrem linken Fußgelenk an einen Galgen gefesselt. Die Ähnlichkeit zwischen dem Gesicht des Gehängten und der männlichen Figur auf der Karte der Liebenden ist ein Hinweis, dass es sich wahrscheinlich um ein Mitglied der Familie Visconti-Sforza handelt. Der gehängte Mann, *Il Traditore* („Der Verräter"), wäre im Italien des fünfzehnten Jahrhunderts eine leicht identifizierbare Person gewesen, da das Kopfüber-Aufhängen die Strafe für Verräter war. Politische Figuren wurden manchmal kopfüber hängend dargestellt – aus Spott und Hohn. Der Gehängte repräsentiert den Schmerz und den Verlust des Egos, der für die Seele notwendig ist, um ihre spirituelle Suche zu vollenden.

**Aufrecht:** Leiden und Scham; Verlust des Egos, der Selbstachtung, des materiellen Reichtums; eine Periode der Vorhölle zwischen bedeutenden Ereignissen; Aussetzung der Handlung; Übergang; Kurswechsel; Opfer; Reue.

**Umgekehrt:** Nutzlose Aufopferung; Versagen, das zu geben, was gebraucht wird; Egoismus.

Das Visconti Sforza Tarot

# TOD
*LA MORTE*

Dieses schaurige lebendige Skelett war die Hauptfigur in einem allegorischen Kunstwerk namens „Totentanz". Das Werk wurde als Reaktion auf eine Seuche geschaffen, die die Bevölkerung im vierzehnten Jahrhundert dezimiert hatte. Der Tod hält in seiner linken Hand einen Bogen und in der rechten einen Pfeil. Seine stechenden Augen starren bedrohlich aus den tiefen, schattigen Augenhöhlen.

Wir haben gesehen, dass die Stärke, die über den ungezügelten Ehrgeiz triumphiert hat, durch den Schmerz und das Leiden des Gehängten und nun durch den Tod übertrumpft wurde. Es ist kein Zufall, dass der Rang des Todes im Tarot die Unglückszahl Dreizehn ist. Doch es ist offensichtlich, dass durch die Position des Todes in dieser Allegorie nicht alles verloren ist; denn es gibt noch viele weitere Trümpfe im Deck.

**Aufrecht:** Verwandlung; Beendigung einer Beziehung, eines Jobs, eines Einkommens, die notwendig sind, bevor man neu beginnen kann; im Extremfall drohende Krankheit oder Tod.

**Umgekehrt:** Lähmende Angst vor Veränderung.

# MÄSSIGUNG
## *LA TEMPERANZA*

Die Mäßigung ist die letzte der Kardinaltugenden, die in den Trümpfen dargestellt sind. Sie ist die Tugend, die zu Ausgeglichenheit, Gesundheit und Harmonie führt. Sie erreicht ihr Ziel nicht, indem sie Begierden und Emotionen verleugnet, sondern indem sie diese in Schach hält. Die Mäßigung ist der Schlüssel dazu. Mäßigung besänftigt die Seele und mildert den Drang, gegen die Ungerechtigkeit des Lebens zu wettern. Sie ist im Begriff, Flüssigkeit von einem Krug in einen anderen zu gießen, während sie am Rande eines Abgrunds steht und metaphorisch die innere Welt der Psyche mit der äußeren physischen Welt der Begierden verschmilzt. Das ist der perfekte Zustand, der notwendig ist, um Seelenfrieden zu erreichen. Der Stil des Gemäldes deutet darauf hin, dass die Figur von einem anderen Künstler als Bonifacio Bembo geschaffen wurde, höchstwahrscheinlich von Antonio Cicognara, demselben Künstler, von dem man annimmt, dass er auch die Stärke-Karte gemalt hat.

**Aufrecht:** Pflege und Gesundheit; Selbstbeherrschung ohne Verleugnung; Mäßigung und Ausgeglichenheit in allen Dingen.

**Umgekehrt:** Disharmonie; Interessenkonflikte.

Das Visconti Sforza Tarot

# DER TEUFEL
## IL DIAVOLO

Da diese Trumpfkarte nicht zu den erhaltenen Karten des ursprünglichen Visconti-Sforza-Spiels gehört, wurde sie neu geschaffen, um den Teufel so darzustellen, wie er im fünfzehnten Jahrhundert aufgetaucht sein könnte. Dieser grimmige und bedrohliche Teufel ist halb Mensch und halb Tier. Er trägt die Flügel einer Fledermaus, die Hörner eines Widders und die Ohren eines Esels. Ein zweites Gesicht auf seinem Unterbauch symbolisiert die Seele der Begierde in ihrem unkontrolliertesten Zustand. An den Sockel des Teufels sind zwei gehörnte Figuren angekettet, die die niederen tierischen Instinkte des Menschen darstellen. Die Ketten symbolisieren die Gebundenheit an zeitliche, materielle Genüsse. Aus dem Sockel bricht Feuer hervor, eine Erinnerung an den Schmerz, der diejenigen erwartet, die sich nicht von den Fesseln der irdischen Begierden befreien und sich um die Angelegenheiten der Seele kümmern.

**Aufrecht:** Sucht; aggressives Streben nach irdischen Besitztümern; extremes Verlangen nach Geld und Macht; prinzipienlos; humorlos, außer auf Kosten anderer; Gewalt; Unheil.

**Umgekehrt:** Befreiung von Bindungen, die einengen; Scheidung; Überwindung von Hindernissen.

# DER TURM
## *LA CASA DEL DIAVOLO*

Die Sonne schickt buchstäblich aus heiterem Himmel einen Blitz, der die Spitze des Turms abtrennt, ursprünglich auf Italienisch *La Casa del Diavolo* „Das Haus des Teufels". Der teilnahmslose Ausdruck der Sonne signalisiert, dass das Unheil wahllos zuschlägt, ohne Rücksicht auf Alter oder Status. Zwei Figuren im Inneren, ein alter Mann und eine jugendliche Frau, stürzen kopfüber in die Tiefe. Der solide aussehende Steinturm ist nicht die mächtige Festung, die sie sich vielleicht vorgestellt haben. Alles Materielle ist vergänglich und den unsichtbaren himmlischen Kräften nicht gewachsen. Und alle Menschen, jung und alt, reich und arm, sind dem Untergang geweiht. Nur die Seele kann überdauern. Wie die Teufel-Karte wurde auch der Turm in dem künstlerischen Stil des fünfzehnten Jahrhunderts nachgebildet.

**Aufrecht:** Plötzliche Veränderung; unvorhergesehene Katastrophe; Zusammenbruch alter Glaubenssätze und Doktrinen; Widrigkeiten; Elend; finanzieller Rückschlag; Verlust einer Beziehung.

**Umgekehrt:** Anhaltende Unterwerfung; Feststecken in einem Trott; Unfähigkeit zur Veränderung; Gefangenschaft.

# DER STERN
## *LA STELLA*

Mit dem Stern beginnt der mystische Aufstieg der Seele durch die Himmelskörper auf ihrer Suche nach spiritueller Erleuchtung. Auf dieser Karte hebt eine Frau in Blau einen goldenen achtzackigen Stern über ihren Kopf und signalisiert damit, dass sie von himmlischem Glanz umhüllt ist. Sie ist die Ruhe nach dem Sturm, der den Turm zerstört hat. Stelle („Sterne") ist das letzte Wort in Dantes *Inferno*, das erscheint, nachdem die Helden aus der Hölle in einen sternenübersäten Himmel eintauchen. Der Stern ist das Symbol für die Hoffnung, dass das Gute über das Böse triumphieren wird. Kunsthistoriker vermuten, dass die Figur auf diesem Bild von Darstellungen der Urania, der Göttin der Astronomie, inspiriert worden sein könnte, eine der neun Musen der griechischen und römischen Mythologie. Uranias Gesichtszüge, die weniger raffiniert sind als die der von Bonifacio Bembo gemalten Figuren, deuten darauf hin, dass dieser Trumpf, wie auch Stärke und Mäßigung, von Antonio Cicognara gemalt worden sein könnte.

**Aufrecht:** Optimismus; Vertrauen; eine glücksverheißende Karte, da sie anzeigt, dass alles – Arbeit, Liebe, Familie, Anstrengungen – im richtigen Gleichgewicht ist; sehr günstiger Ausgang.

**Umgekehrt:** Enttäuschung; Unausgeglichenheit; Pessimismus.

# DER MOND
## *LA LUNA*

In der Mythologie wird der Mond von Diana, der Jägerin, verkörpert, die auch die Göttin der Fruchtbarkeit ist. In der Mond-Karte steht sie allein, getrennt von ihrem Zwilling, dem Sonnengott Apollo.

Sie wird gezeigt, wie sie einen Halbmond oder einen „neuen" Mond hochhält, der anzeigt, dass ihr Streben nach Unendlichkeit noch nicht erreicht ist. Ihr Rang in den Trümpfen weist darauf hin, dass sie von der Karte der Welt, die die Ewigkeit repräsentiert, übertrumpft wird. In Petrarcas Gedichten müssen der Mond und der Stern darauf warten, dass die Ewigkeit über die Zeit triumphiert, weshalb sie oft mit traurigen Gesichtern dargestellt werden. Ein von Menschenhand geschaffenes Bauwerk ragt klein und unbedeutend im Hintergrund empor und weist auf die Entfernung des Mondes von zeitlichen Belangen hin. Dies ist die vierte Trumpfkarte, die von einem anderen Künstler als Bonifacio Bembo ausgeführt wurde. Da sie im Stil den Karten Stärke, Mäßigung und Stern ähnelt, wird angenommen, dass sie von Antonio Cicognara geschaffen wurde.

**Aufrecht:** Geduld in Erwartung; Ruhe; Atempause; Meditation; Auftauchen des Unbewussten.

**Umgekehrt:** Ungeduld.

Das Visconti Sforza Tarot

# DIE SONNE
## *IL SOLE*

Die Sonnenkarte zeigt ein geflügeltes Kind oder einen Cherub, eine beliebte Figur in der Kunst der Renaissance. Seine rundliche Figur ähnelt mehr dem Stil der Karten, die Antonio Cicognara zugeschrieben werden, als den Karten, die von Bonifacio Bembo stammen. Das Kind steht auf einer schwebenden blauen Wolke, während es die Sonne hochhält, ein beliebtes heraldisches Symbol der Familie Visconti-Sforza. Die wie ein Götterkopf geformte Sonne soll Apollo, den griechischen und römischen Sonnengott, darstellen.

Obwohl der Rand der Klippe im Vordergrund erscheint, ist das Kind keineswegs dort in der Nähe. Es trägt eine Perlenkette, die als Glücksbringer dienen könnte. Ein dünner Schal windet sich zwischen seinen Beinen und um seine Schultern.

Mit dem Erscheinen der Sonne sind die Zwillinge der Mythologie – die Mondgöttin (Diana) und der Sonnengott (Apollo) – vereint und stehen für die Vollendung und den Ausgleich von Gegensätzen. Psychologisch kann ihre Vereinigung auch die Verschmelzung des bewussten und unbewussten Geistes darstellen.

**Aufrecht:** Das Ideal in allen Dingen, einschließlich der Gesundheit; perfekte Harmonie und Einheit; ein Gleichgewicht zwischen dem Männlichen und dem Weiblichen, was vertiefte Liebe bedeutet; Ruhm; Vergnügen; Zufriedenheit.

**Umgekehrt:** Einsamkeit; getrübte Zukunft; unglückliche Beziehung.

# URTEIL
## *L'ANGELO*

Diese Karte wurde *L'Angelo* (Der Engel) genannt, als sie zum ersten Mal erstellt wurde. Eine göttliche, gottähnliche Figur thront über den beiden Engeln, die mit ihren Trompeten die darunter befindlichen Figuren herbeirufen. Am unteren Ende der Karte sitzen zwei Personen, die Bianca Maria Visconti und Francesco Sforza darstellen, in einem Sarg. Zwischen ihnen ruht ein alter Mann, der am Boden des Grabes zu sein scheint. Das ist eine Andeutung, dass er vor ihnen gestorben und im Himmel angekommen ist. Als sie die Reise in den Himmel antreten, blicken die beiden Figuren freudig auf die himmlischen Wesen über ihnen. Zusätzlich zu dieser biblischen Interpretation des Jüngsten Gerichts ist die mystische Suche fast abgeschlossen, da die Seele über den Tod mit dem Versprechen des ewigen Lebens triumphiert.

**Aufrecht:** Sühne; Verantwortlichkeit; Verjüngung und Heilung.

**Umgekehrt:** Unentschlossenheit; spirituelle Leere; Sucht.

Das Visconti Sforza Tarot

# DIE WELT
## *IL MONDO*

Dies ist die sechste und letzte Karte im Visconti-Sforza-Spiel, die Antonio Cicognara zugeschrieben wird. Zwei Putten halten gemeinsam einen Globus hoch, eine symbolische Darstellung des Himmels, in dem die Erlösten, die in der Karte „Urteil" zu sehen sind, ihre neue Heimat finden werden. Die Weltkarte ist auch ein Symbol für die Erleuchtung der Ewigkeit. Die Seele, die den Tod und die Zeit besiegt hat, hat sich mit dem Einen verbunden, um Unsterblichkeit zu erlangen. Im Inneren der Weltkugel leuchtet eine Burg auf einem Hügel. Geschützt durch einen Wassergraben, ist das Schloss hier eine Metapher für das neue Jerusalem, das in der Offenbarung versprochen wird. Der Himmel ist blau und wolkenlos, und die engelhaften Putten sind sicher, symbolisch geschützt durch die Tücher, die um ihre Schultern drapiert sind.

**Aufrecht:** Äußerst glücksverheißende Karte; Vollendung; klare Fahrt; inneres Glück.

**Umgekehrt:** Mangel an Vision; Versagen, das Begonnene zu vollenden; Enttäuschung.

# KAPITEL 5
# DIE
# VIER FARBEN

| Farbe | Assoziation | Stand | Element | Astrologisches Zeichen |
|-------|-------------|-------|---------|------------------------|
| Kelche | Freude | Klerus | Wasser | Skorpion |
| Schwerter | Sorgen | Adel | Luft | Wassermann |
| Stäbe | Land | Bauer | Feuer | Löwe |
| Münzen | Geld | Händler | Erde | Stier |

bwohl den Karten in den ersten vier Farben des Visconti-Sforza-Tarots die reiche, spirituelle Bildsprache und die Archetypen fehlen, die die Trümpfe charakterisieren, sind sie keineswegs bedeutungslos. Basis ist die jeweilige Anzahl der Symbole jedes Farbsatzes, die durch die Wiederholungen informativ sind und durchaus gedeutet werden können. Obwohl sie nicht dazu gedacht sind, dich auf deinen spirituellen Weg zu führen, vermitteln sie wertvolle Informationen über Persönlichkeit und Stimmung. Wenn du diese Karten ausgiebig studiert hast und dich mit ihren Bedeutungen auskennst, wirst du deine eigenen intuitiven Ideen darüber entwickeln, was sie zur Deutung beitragen können.

Die Namen der vier Farben entsprechen den Symbolen: Kelche, Schwerter, Münzen und Stäbe. Jede Farbe besteht aus vierzehn Karten: zehn Zahlenkarten und vier Hofkarten, König, Dame, Ritter und Bube. Wie in Kapitel zwei erwähnt, spiegeln diese Karten die vier Klassen der Gesellschaft des Mittelalters und der Renaissance wider: den Klerus, den Adel, die Bauern und die Kaufleute. Sie entsprechen auch den vier Elementen Wasser, Luft, Erde und Feuer und spiegeln die mit ihnen verbundenen Persönlichkeitsmerkmale. Die Farben wurden ebenfalls mit astrologischen Zeichen in Verbindung gebracht.

# DIE KELCHE

Dies ist ein heiterer Satz, der Freude repräsentiert. Kelch-Karten sind selten negativ und fungieren oft als mildernder Faktor, wenn sie in der Nähe schwieriger Karten in einer Auslage liegen. Die Kelche können auch das Unbewusste repräsentieren. Interessant ist, dass die Zwei der Kelche den Ausdruck *amor mio* („meine Liebe") und die Vier der Kelche den Visconti-Wappenspruch *a bon droyt* (mit dem Guten [gibt es] Recht) trägt.

### Ass der Kelche

Der „Kelch" auf dieser Karte ist ein sechseckiger Brunnen, der einem Taufbecken oder einem Kelch ähnelt, der an den Heiligen Gral erinnert.
**Aufrecht:** Eine glücksverheißende Karte, die Luxus, Wohlstand, Erfüllung und Freude anzeigt.
**Umgekehrt:** Unerwiderte Zuneigung; Unfruchtbarkeit; getrübtes Glück.

### Zwei der Kelche

**Aufrecht:** Kooperative Beziehungen aller Art; erfüllte romantische Liebe; Unterscheidungsvermögen; altruistische Impulse.
**Umgekehrt:** Scheidung; Trennung; Geheimniskrämerei; Selbstgefälligkeit; Unfähigkeit, sich zu verbinden.

### Drei der Kelche

**Aufrecht:** Vollendung; Heilung; Kompromiss; kann auch auf ein bevorstehendes Fest, ein Urlaubstreffen und/oder ein Familientreffen hinweisen.
**Umgekehrt:** Hedonistisches Vergnügen; übermäßige Nachsicht; Undankbarkeit.

### Vier der Kelche

**Aufrecht:** Selbstbeobachtung; das Bedürfnis, nach einer intensiven Zeit oder einer Art Belagerung eine neue Perspektive zu gewinnen; Desillusionierung und daraus resultierende Erschöpfung der Energie.
**Umgekehrt:** Deutet darauf hin, dass man neue Dinge lernen, neue Menschen treffen und neue Möglichkeiten und Erfahrungen machen wird.

### Fünf der Kelche

**Aufrecht:** Bedauern; Fehler; Unvollkommenheit; kann auch auf eine oberflächliche Beziehung oder eine leere Ehe hinweisen.
**Umgekehrt:** Deutet auf eine rosige Zukunft und eine hoffnungsvolle Einstellung hin.

## Sechs der Kelche

**Aufrecht:** Verblasste Träume; extreme Sehnsucht; eine Sehnsucht nach der Vergangenheit.
**Umgekehrt:** Neuanfänge; eine strahlende Zukunft.

## Sieben der Kelche

**Aufrecht:** Törichte Vorstellungen; Wunschdenken; Verträumtheit.
**Umgekehrt:** Kluge Entscheidungen; ein fast erreichtes Ziel.

## Acht der Kelche

**Aufrecht:** Schüchternheit; Bescheidenheit; Resignation; Enttäuschung; Aufgeben der Bemühungen.
**Umgekehrt:** Beharrlichkeit; Weigerung, weiterzumachen.

**Neun der Kelche**

**Aufrecht:** Die Erfüllung von Träumen; eine
glücksverheißende Karte für materiellen Erfolg
und eine gute Gesundheit.
**Umgekehrt:** Fehler und Unvollkommenheit;
Oberflächlichkeit.

**Zehn der Kelche**

**Aufrecht:** Eine äußerst glücksverheißende Karte;
romantische Erfüllung; finanzielle Stabilität; ein
glückliches Zuhause; geistiges und emotionales
Wohlbefinden; Tugend; Frieden; Ehre; Dank-
barkeit.
**Umgekehrt:** Disharmonie; streitsüchtige Beziehungen; Konflikt; Ärger.

# BUBE DER KELCHE

Der Bube blickt nach links, die Richtung des Bösen, und trägt weiße Handschuhe, ein Symbol der Reinheit, was auf gute Absichten im Angesicht böswilliger Kräfte hindeutet. Er hält einen goldenen Becher, der, wie auf allen Bildkarten dieser Farbe, mit einem hohen, gotischen Deckel versehen ist. Seine Tunika ist mit strahlenden Sonnen verziert, einem heraldischen Merkmal der Visconti. Der Kontrast zwischen den roten und weißen Strümpfen des Buben könnte, wenn sie absichtlich die Symbolik der Renaissance widerspiegeln, einen Konflikt zwischen Reinheit (Weiß) und Lust (Rot) darstellen.

**Aufrecht:** Fürsorglich; zärtlich; künstlerisch; sehr guter Kommunikator; könnte auch auf eine Schwangerschaft oder Geburt hinweisen.

**Umgekehrt:** Leicht ablenkbar; abschweifend; geschmeidiger Redner; in der Liebe nicht vertrauenswürdig.

# RITTER DER KELCHE

Der Ritter der Kelche sitzt auf einem Pferd, er trägt einen kurzen, pelzbesetzten Mantel aus goldenem Stoff, der mit der Visconti-Sonne bedruckt ist. Unter dem Mantel wird ein Hemd in Königsblau sichtbar. Das rechte Bein des Pferdes ist angehoben, sowohl Schabracken als auch Zaumzeug tragen die Visconti-Insignien.

**Aufrecht:** Er ist allem gewachsen, was auf ihn zukommt; beschäftigt sich mit Liebe und Romantik; besitzt übersinnliche Fähigkeiten; eine glücksverheißende Karte, die anzeigt, dass sich bald eine Gelegenheit ergeben wird; möglicherweise ein Heiratsantrag.

**Umgekehrt:** Unzuverlässig; egoistisch; intrigant.

# KÖNIGIN DER KELCHE

Die Königin der Kelche sitzt auf einem Thron, mit einer Krone auf dem Haupt, und ist uns frontal zugewandt. Ihr schwer wirkendes goldenes Gewand ist mit dem Visconti-Sonnenemblem verziert. Sie trägt grüne Handschuhe, eine Farbe, die in der Kunst der Renaissance mit Sakralem assoziiert wurde. In der rechten Hand hält sie einen verzierten Kelch und scheint mit der linken Hand zu gestikulieren, vielleicht um einen Segen zu erteilen.

**Aufrecht:** Expansiv; freundlich; mütterlich; hingebungsvoll; verehrt; besitzt die Gabe des Hellsehens.

**Umgekehrt:** Instabil; fordernd; abhängig; strafend; neigt zu emotionalen Ausbrüchen.

## KÖNIG DER KELCHE

Der König der Kelche ist im Profil dargestellt und trägt die Herzogskrone von Mailand. Seinen pelzbesetzten Waffenrock ziert das Visconti-Wappen, eine Sonne mit welligen und geraden Strahlen. In seiner rechten Hand hält er einen verzierten Kelch.

**Aufrecht:** Rücksichtsvoll; freundlich; zuverlässig; möglicherweise religiös; kreativ und kunstbegeistert; die Sorge um andere führt zu wohltätigen Aktivitäten.

**Umgekehrt:** Doppelzüngig; verschlagen; skandalös.

# DIE SCHWERTER

Die Schwertkarten sind dem Element Luft zugeordnet und so mit dem Denken und der Vernunft verbunden. In der Porträtmalerei der Renaissance war das Schwert ein Symbol der Gerechtigkeit.

### Ass der Schwerter

Der Visconti-Leitspruch *a bon droyt* („mit dem Guten [gibt es] Recht") erscheint auf einer Schriftrolle, die sich um die Schwerter der ersten fünf Zahlenkarten – beginnend beim Ass – schlingt.
**Aufrecht:** Entschlossenheit, Initiative und Stärke – alles Eigenschaften, die zu Erfolg und dauerhafter Leistung führen.
**Umgekehrt:** Unglück; Unterdrückung; wildes Temperament; Demütigung; Unfruchtbarkeit.

### Zwei der Schwerter

**Aufrecht:** Eine Konfrontation gleicher Kräfte, die zu einer Pattsituation führt; unterdrückte Emotionen; Unfähigkeit, eine Entscheidung zu treffen.
**Umgekehrt:** Betrug; Verrat; Lügen.

### Drei der Schwerter

Als einzige Karte, die im Visconti-Sforza-Deck fehlt, wurde die Drei der Schwerter im Stil der anderen Schwerter neu erstellt.
**Aufrecht:** Enttäuschung; Liebeskummer; Trostlosigkeit; Verzweiflung; eine bevorstehende Trennung; mögliches Aufschieben von Plänen.
**Umgekehrt:** Abwesenheit; Verlust; Ablehnung; Bedauern.

### Vier der Schwerter

**Aufrecht:** Verjüngung; Erholung von früheren Widrigkeiten; bedeutet, dass es Zeit ist, langsamer zu werden; ein Bedürfnis nach einsamen Beschäftigungen wie Meditation; vorübergehende Isolation; Exil; Begnadigung.
**Umgekehrt:** Drang zum Weitermachen; erhöhter Stress.

### Fünf der Schwerter

**Aufrecht:** Gewinn auf Kosten anderer; Verrat und missbrauchtes Vertrauen.
**Umgekehrt:** Trübe Aussichten; Unsicherheit; Schwäche.

## Sechs der Schwerter

**Aufrecht:** Stabilität und reibungslose Fahrt; Reisen und/oder Umzug; die Überwindung von Widrigkeiten.
**Umgekehrt:** Stillstand; Sackgasse; alte Verhaltensmuster; Unfähigkeit, Fortschritte zu machen.

## Sieben der Schwerter

**Aufrecht:** Eine widersprüchliche Karte, sie kann Betrug und List bedeuten oder für kreatives Risiko stehen; man kann scheitern, indem man sein Blatt überreizt, oder triumphieren, indem man seinen Verstand einsetzt.
**Umgekehrt:** Ungewissheit; Gerechtigkeit siegt, wenn schlechtes Verhalten bestraft wird.

## Acht der Schwerter

**Aufrecht:** Vorübergehende Isolation; Gefangenschaft; Einschränkung aufgrund von Krankheit; Hemmungen; Depression; Lethargie.
**Umgekehrt:** Befreiung; Freiheit; Licht am Ende des Tunnels.

### Neun der Schwerter

**Aufrecht:** Wird manchmal als „die Alptraumkarte"
bezeichnet, weil sie für Sorgen, Ängste und einen
gestörten Geisteszustand steht; Hoffnungslosigkeit;
Elend.
**Umgekehrt:** Scham; Skandal; Klatsch und Tratsch.

### Zehn der Schwerter

**Aufrecht:** Loslassen der Vergangenheit im Interesse
von Heilung und persönlichem Wachstum – ein
Prozess, der emotionale Ängste mit sich bringen
kann; Vergebung.
**Umgekehrt:** Vorübergehender Gewinn; flüchtiger
Erfolg; leichte Verbesserung der Umstände.

# BUBE DER SCHWERTER

Der Bube der Schwerter ist vollständig gepanzert und trägt einen Hut mit Pfauenfedern. Er posiert anmutig und hält sein Schwert in der rechten Hand, wobei die Spitze keineswegs bedrohlich auf dem Boden ruht.

**Aufrecht:** Geistige Risikobereitschaft, beschäftigt sich mit intellektuellen Ideen; stark wahrnehmend; einfühlsam; fähig, verborgene Bedeutungen aufzudecken; diskret; aufmerksam; anpassungsfähig; würde einen guten Spion abgeben. Karte könnte darauf hinweisen, dass wichtige Informationen oder Dokumente unterwegs sind; deutet auf einen möglichen Konflikt hin.

**Umgekehrt:** Ein Hochstapler; unfähig, mit unvorhergesehenen Kräften umzugehen; könnte, abhängig von den umgebenden Karten, auf eine bevorstehende Krankheit hinweisen.

# RITTER DER SCHWERTER

Der Ritter der Schwerter sitzt rittlings auf einem gepanzerten weißen Pferd, einem Symbol der Unbesiegbarkeit. Wie der Bube der Schwerter ist der Ritter in voller Rüstung, auch er trägt einen Hut mit Pfauenfedern, die in der Renaissance ein Symbol des Stolzes waren. Der Ritter ist im Profil dargestellt, nach links gewandt (die Richtung des Bösen) und trägt ein erhobenes Schwert in seiner rechten Hand. Seine würdevolle, gelassene Haltung deutet darauf hin, dass man sich immer darauf verlassen kann, dass er einen guten Kampf kämpft. Sollte nicht gerufen werden, um sich in triviale Angelegenheiten einzumischen.

**Aufrecht:** Galanterie und Heldentum; kann auch plötzliche Veränderungen und Risikobereitschaft signalisieren.

**Umgekehrt:** Passiv; unverantwortlich; eingebildet.

# KÖNIGIN DER SCHWERTER

Die Königin ist im Profil abgebildet, sie trägt eine Krone,
Stulpen und eine Rüstung an
den Unterarmen und Ellen-
bogen. Sie ist in Weiß gekleidet, einem Symbol der Reinheit. An den italienischen
Universitäten der Renaissance
war Weiß auch ein Symbol
für die Geisteswissenschaften.
In der rechten Hand hält die
Königin ein Schwert, das an
ihrer Schulter ruht, die linke
Hand ist wie zum Gruß er-
hoben.

**Aufrecht:** Klug; scharfsinnig;
in sich gekehrt; könnte einst
das Glück gekannt haben, ist jetzt aber voller Kummer; ein stren-
ger Zuchtmeister; könnte unfähig sein, Zuneigung zu zeigen. Diese
Karte deutet auf flüchtiges Glück hin.

**Umgekehrt:** Bigott; hinterlistig; drückt sich vor der Verantwortung; vernachlässigt geliebte Menschen.

# KÖNIG DER SCHWERTER

Wie die Figuren der anderen drei Hofkarten dieser Farbe trägt der König der Schwerter Rüstung und ein großes Schwert. Er ist der einzige König im Deck, der ein Schild hat – verziert mit einem Löwen mit Heiligenschein, der ein Buch hält. Das entspricht dem Wappen von Venedig, der Stadt, die einst unter dem Schutz der Sforza stand.

**Aufrecht:** Jemand in einer Autoritätsposition, der die Spitze eines Berufes erreicht hat, wie z. B. das Gesetz, das Militär oder die höhere Bildung; analytisch; voll von glänzenden Ideen und innovativen Plänen.

**Umgekehrt:** Egoistisch; herrschsüchtig; gefährlich.

# DIE STÄBE

Die Assoziationen dieser Farbe in Bezug auf Land und Landwirtschaft wurden erweitert, um modernen Interpretationen gerecht zu werden. Heute geht es auch um Führung, Innovation und Kommunikation in Bezug auf geschäftliche Angelegenheiten.

## Ass der Stäbe

Wie bei den Schwert-Karten erscheint der Visconti-Wappenspruch *a bon droyt* (mit dem Guten [gibt es] Recht) auf einer Schriftrolle, die sich vom Ass an um die Stäbe der ersten fünf Zahlenkarten wickelt.

**Aufrecht:** Eine verheißungsvolle Karte für den Beginn von etwas Neuem; erfolgreich abgeschlossene Mission; viel Glück; Wohlstand.

**Umgekehrt:** Ungewisser Ausgang; vereitelte Ambitionen; abgeschnittene Pläne.

## Zwei der Stäbe

**Aufrecht:** Reifer, dominanter Charakter; hohe Energie; Optimismus; durch Entschlossenheit und harte Arbeit verwirklichte Ziele.

**Umgekehrt:** Kummer; Widrigkeiten; unvorhergesehene Niederlagen.

## Drei der Stäbe

**Aufrecht:** Stärke; geschäftliche Fähigkeiten; praktisches Geschick, gewieft sein.
**Umgekehrt:** Unrealistische Erwartungen; vergeudete Träume; eine Warnung vor Helfern mit Hintergedanken.

## Vier der Stäbe

**Aufrecht:** Das Gedenken an wichtige Meilensteine; Leistung und deren Belohnung; neuer Wohlstand und Gelassenheit zu Hause; Engagement.
**Umgekehrt:** Ungewissheit; verzögerte Belohnung; eine verschobene Feier oder eine zerbrochene Beziehung.

## Fünf der Stäbe

**Aufrecht:** Wettbewerb und Kampf; kann ein Zeichen dafür sein, dass man für sich selbst einstehen muss; der Zusammenhang, dass Wachstum nur durch die Überwindung von Hindernissen erreicht werden kann.
**Umgekehrt:** Untätigkeit; triviale Streitigkeiten; innerer Konflikt; kann eine Warnung vor zaudernder Haltung sein.

## Sechs der Stäbe

**Aufrecht:** Ein Vorbote guter Nachrichten: der Sieg ist da und bringt Belohnungen für Leistung mit sich.
**Umgekehrt:** Furcht; Angst; Verrat.

## Sieben der Stäbe

**Aufrecht:** Erfolg im Angesicht von Widrigkeiten; impliziert, dass man dem Schicksal trotzen wird.
**Umgekehrt:** Unentschlossenheit; Zögern; Angst; Unfähigkeit, aufgrund von Sorgen, zu handeln.

## Acht der Stäbe

**Aufrecht:** Schnelligkeit; plötzliches Vorankommen; impulsive Entscheidungsfindung; vielleicht eine Liebe auf den ersten Blick.
**Umgekehrt:** Eifersucht; Familienstreitigkeiten; Verzögerung; Trägheit.

### Neun der Stäbe

**Aufrecht:** Erreichte Ziele; eine Zeit, um innezuhalten, nachzudenken und sich von den Strapazen zu großer Anstrengungen zu erholen; das Bedürfnis, die Verteidigung einzustellen und sich zu entspannen.
**Umgekehrt:** Drohende Barrieren und Hindernisse; vielleicht eine Krankheit.

### Zehn der Stäbe

**Aufrecht:** Eine Typ-A-Persönlichkeit (ungeduldiger Perfektionist), der Kampf um ein Ziel; Verantwortung, die ihren Tribut fordert.
**Umgekehrt:** Pessimismus; Täuschungsmanöver.

# BUBE DER STÄBE

Der Bube der Stäbe trägt
einen kurzen pelzbesetzten
Umhang und hält einen Stab
mit verzierten Endstücken in
der rechten Hand. Sein Gesicht ist im Profil sichtbar.
Unter den Streifen des Um-
hangs ist die Visconti-Insig-
nie der hellstrahlenden Sonne
zu sehen.

**Aufrecht:** Ein vertrauens-
würdiger, loyaler Vertrauter;
ein enthusiastischer Extrover-
tierter, der vor neuen Ideen
strotzt; eine vielversprechen-
de Karte für Romantik und
Freundschaft.

**Umgekehrt:** Jemand, dem
man nicht trauen kann; ein Überbringer schlechter Nachrichten;
eine unentschlossene Natur.

# RITTER DER STÄBE

Der Ritter der Stäbe scheint die volle Kontrolle über sein temperamentvolles Ross zu haben, während es sich auf den Hinterbeinen aufbäumt. Die Seitenansicht des Ritters zeigt den Umhang seines Pferdes mit dem Wappen der Visconti, der Sonne mit leuchtenden Strahlen.

**Aufrecht:** Eine Reise oder ein Wohnortwechsel; Enthusiasmus; ein abenteuerlustiger Geist.

**Umgekehrt:** Reibung; Störung in einer Beziehung oder deren Abbruch.

# KÖNIGIN DER STÄBE

Die Königin sitzt auf ihrem Thron in entspannter, offener Position. Sie trägt ein weich fließendes königliches Überkleid mit langen, anmutigen Ärmeln. Auf der Vorderseite ihres Kleides sind unter dem Mieder die heraldischen Visconti-Elemente der strahlenden Sonne und eines Vogelnestes zu sehen.

**Aufrecht:** Kontaktfreudig; liebevoll; mitfühlend; anmutig; charmant; nicht urteilend; an anderen interessiert.

**Umgekehrt:** Wankelmütig; eifersüchtig; hinterlistig; untreu; starrköpfig.

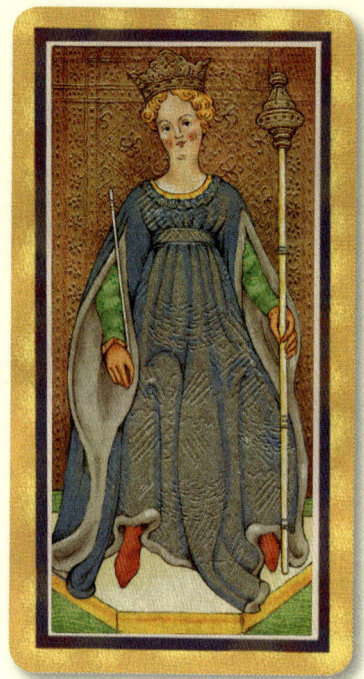

# KÖNIG DER STÄBE

Der König sitzt auf einem
sechseckigen Thron, was darauf hindeutet, dass er sich
sowohl mit weltlichen als auch
mit geistlichen Angelegenheiten beschäftigt. Er blickt
nach vorn, hat die Beine an
den Knöcheln gekreuzt. Wie
die Königin der Stäbe hält er
ein Zepter, das Symbol der
Autorität, in der rechten Hand
und einen königlichen Stab
in der linken. Seine Kleidung
trägt wie die der Königin die
heraldischen Elemente der
Visconti – ein Vogelnest und
Sonnenstrahlen.

**Aufrecht:** Selbstbewusst; reif;
erfolgreich; kombiniert väterliche Instinkte mit einer optimisti-
schen, großzügigen Natur.

**Umgekehrt:** Dogmatisch; unreif; impulsiv.

# DIE MÜNZEN

Diese Farbe repräsentiert die physische Welt der materiellen Freuden. Auch hier erscheint das Visconti-Motto *a bon droyt* (mit dem Guten [gibt es] Recht) auf einer Schriftrolle, diesmal auf der zweiten bis fünften Karte. Auf der dritten und fünften Karte ist das Motto doppelt abgebildet. Die Münzen selbst zeigen die heraldische Sonne der Familie Visconti.

## Ass der Münzen

**Aufrecht:** Eine glücksverheißende Karte für neue Unternehmungen und das Verfolgen neuer Möglichkeiten; Überfluss; eine Gehaltserhöhung; ein geistiger Schatz.
**Umgekehrt:** Mangelnde Freude am Reichtum; falsch ausgegebene Gelder; Verzögerungen aufgrund von Geldmangel.

## Zwei der Münzen

**Aufrecht:** Legt eine Wahl zwischen Alternativen nahe, z. B. Karrieren, Jobangebote, Hochschulen oder Beziehungen; ein Kampf um Gleichgewicht.
**Umgekehrt:** Jonglieren mit Verpflichtungen; überwältigt von zu vielen Entscheidungen; Mangel an Konzentration.

### Drei der Münzen

**Aufrecht:** Meisterschaft und Perfektion; eine gute Karte, um Projekte zur Selbstverbesserung durchzuführen und neue Dinge zu lernen; Lebenslektionen.
**Umgekehrt:** Zeit- und Energieverschwendung; Mangel an Fachwissen; Schlampigkeit; Nachlässigkeit; Mittelmäßigkeit.

### Vier der Münzen

**Aufrecht:** Eine konservative Einstellung zu Geld und Risikobereitschaft; Horten und Geiz; zeigt eine Einschätzung des Selbstwerts, das auf materiellen Werten basiert.
**Umgekehrt:** Großzügigkeit; Freiheit.

### Fünf der Münzen

**Aufrecht:** Finanzielle Not und Stress wegen der Finanzen; geistiger Reichtum in Form von Mitgefühl für andere, denen es weniger gut geht.
**Umgekehrt:** Veränderungen stehen bevor und bringen Chancen, neue Unternehmungen und Erneuerung.

### Sechs der Münzen

**Aufrecht:** Die Bedeutung hängt stark von den umgebenden Karten ab; Veränderung; finanzielle Stabilität; Freundlichkeit; Großzügigkeit.
**Umgekehrt:** Zerrüttete Beziehung; Egoismus; über seine Verhältnisse leben; Mangel an Sicherheiten.

### Sieben der Münzen

**Aufrecht:** Einfallsreichtum; weise Planung; Belohnung für Mühe; Stabilität; Reflektion.
**Umgekehrt:** Finanzieller Verlust; Ängstlichkeit; Instabilität.

### Acht der Münzen

**Aufrecht:** Erfahrener Arbeiter; großes Engagement; handwerkliches Geschick; Lehre und Bereitschaft zu arbeiten und zu lernen; Freude an gut gemachter Arbeit.
**Umgekehrt:** Geringe Anstrengung; Mangel an Disziplin; Wucher; Intrige.

### Neun der Münzen

**Aufrecht:** Selbstvertrauen; Diskretion; Sicherheit; Komfort; Stabilität.
**Umgekehrt:** Bedrohung und Gefahr; Unvollständigkeit; Fehlgeburt.

### Zehn der Münzen

**Aufrecht:** Häuslicher Wohlstand; Erfolg im Geschäftlichen.
**Umgekehrt:** Riskante Unternehmungen; schlechte Chancen.

# BUBE DER MÜNZEN

Der Bube ist im Profil nach links gewandt dargestellt. Er trägt einen großen, gefiederten Hut, hält eine große Goldmünze in Brusthöhe und scheint sie zu begutachten und ihre Schönheit zu bewundern. Das Muster auf seinem Mantel stimmt mit den Mustern der Kleidung der anderen Münz-Hofkarten überein.

**Aufrecht:** Gelehrt; nachdenklich; praktisch; fähig zu tiefer Konzentration; große Neugier und Wissensdurst; ohne Angst, sich Widrigkeiten zu stellen.

**Umgekehrt:** Unreif; mangelndes Engagement und mangelnde Konsequenz; unpraktisch; unfähig zu solider Finanzplanung.

# RITTER DER MÜNZEN

Der Ritter der Münzen ist die einzige Hofkarte, die im ursprünglichen Visconti-Sforza-Spiel fehlt. Diese Karte wurde ersetzt, indem man einen Druck des Ritters der Kelche umdrehte und die Kelche auf dem Mantel durch ein Muster aus Visconti-Sonnen, die mit blauen Bändern verflochten sind, ersetzte.

**Aufrecht:** Gute Nachrichten bezüglich des Einkommens; jemand, der reif, verantwortungsbewusst, zuverlässig und organisiert ist.

**Umgekehrt:** Faul; unmotiviert; apathisch.

# KÖNIGIN DER MÜNZEN

Die Königin sitzt selbstbewusst mit Blick nach links,
die Richtung der Widrig-
keiten, und hat eine große
Goldmünze auf ihrem rech-
ten Knie liegen. Ihr Gewand
ist aus dem gleichen Stoff wie
das der anderen Figuren der
Münz-Hofkarten. Eingefloch-
ten sind blaue Bänder, die
sich um die Visconti-Sonnen
winden.

**Aufrecht:** Kümmert sich
gut um sich selbst; sicher im
Wohlstand; zufrieden mit
dem Leben; edel; großzügig.
Die Karte signalisiert auch die
Weisheit, sich selbst zu vertrauen. Sicher, dass die Anwendung der
eigenen Fähigkeiten und des eigenen Wissens den gewünschten
Nutzen bringen wird.

**Umgekehrt:** Misstrauen; Mangel an Selbstwert.

# KÖNIG DER MÜNZEN

Der König der Münzen sitzt dem Betrachter zugewandt, die Beine an den Knöcheln gekreuzt. Sein kurzes Gewand ist mit dem gleichen sechseckigen Muster aus ineinander verschlungenen tiefblauen Bändern und Visconti-Sonnen bedruckt wie die Kleidung auf den anderen Hofkarten. Die linke Hand des Königs ruht auf einer großen Goldmünze, die ebenfalls mit der Visconti-Sonne geprägt ist.

**Aufrecht:** Eine erfahrene Führungspersönlichkeit; geerdet; praktisch; konservativ; könnte einen erfolgreichen Berufstätigen oder Geschäftsmann repräsentieren, der erheblichen materiellen Reichtum erworben hat.

**Umgekehrt:** Ein Risikofreudiger, der Geld begehrt, aber nicht bereit ist, dafür zu arbeiten.

KAPITEL 6

# DIE
# TAROT-REISE

„Gedanken ohne Inhalt sind leer, Anschauungen ohne Begriffe sind blind. … Der Verstand vermag nichts anzuschauen und die Sinne nichts zu denken. Nur daraus, dass sie sich vereinigen, kann Erkenntnis entspringen."

Immanuel Kant

Du bist dabei, dich auf eine innere Reise zu begeben, deren Ziel dein Höheres Selbst ist. Es ist dieser Teil von dir, auch Intuition genannt, der dich zu deinen erhellendsten Entscheidungen führen wird. Das ultimative Ziel des Tarot-Deutens ist es, das bewusste Wissen vom Unbewussten, wo die Intuition lebendig ist, zu trennen. Mit Bedacht eingesetzt, können Tarotkarten als Katalysator dienen, um das kollektive Unbewusste oder die Weltseele anzuzapfen – das Archiv des universellen Wissens, das ein Teil von uns allen ist. Stelle dir deine Tarotkarten als Portale zu deinem Unbewussten und die Tarotbilder als deren Schlüssel vor.

Gegenüberliegende Seite: *Ein Detail der Karte Der Wagen aus dem Visconti-Sforza-Deck*

Im Laufe der Jahre wurde das Tarot auch für Wahrsagezwecke verwendet. Da aber die Vorhersage der Zukunft bestenfalls ungenau ist, besteht das höchste Ziel einer Tarot-Deutung darin, die innere Weisheit zu nutzen, um das Beste aus den eigenen Talenten und den zur Verfügung stehenden Möglichkeiten zu machen. Die Reaktion des Tarots ist immer zutiefst persönlich, und eine Beziehung zu den Karten zu entwickeln, erfordert Geduld. Während sich die Bilder allmählich in deiner Psyche einprägen, wirst du feststellen, dass du dich immer mehr auf ihre Bedeutung einstimmen kannst.

Hier sind ein paar hilfreiche Hinweise, die dich auf deiner Reise unterstützen können. Mache dich zunächst mit den Bildern auf den Karten und ihrer Symbolik vertraut. Denke daran, dass jede Trumpfkarte mit vielen Bedeutungsebenen verbunden ist. Je mehr Zeit man mit ihnen verbringt, desto mehr ihrer Feinheiten werden offenbar. Während man die Karten betrachtet, wird man feststellen, dass sie intuitive Reaktionen hervorrufen. Notiere diese Gefühle, sobald sie auftreten. Es ist nützlich, dafür ein eigenes Tarot-Notizbuch zur Hand zu haben.

Eine unterhaltsame Art, sich mit den Karten vertraut zu machen, ist, kreativ mit ihnen umzugehen. Versuche zum Beispiel, jede Trumpfkarte mit jemandem in Verbindung zu bringen, den du kennst, und schreibe die Gründe für deine Wahl auf. Eine andere Idee ist es, die Bildkarten und Trumpfkarten in zwei Stapel aufzuteilen: diejenigen, die du gerne auf einer Party treffen, und diejenigen, die du lieber meiden würdest. Notiere auch hier die Gründe. Du könntest auch die Karte auswählen, die am meisten mit deinem eigenen Charakter oder deiner speziellen Situation zu tun hat, und dann aufschreiben, warum du dich zu dieser Karte hingezogen fühlst.

Visualisierungsübungen sind eine ausgezeichnete Möglichkeit, die Kraft der Karten zu nutzen, um bei der Entscheidungsfindung zu helfen. Vielleicht fühlst du dich von deinen Aufgaben überlastet. Mache eine Liste mit all den Orten, an denen du sein und all den Dingen, die du tun musst. Bevor du einer weiteren Bitte um deine Zeit zustimmst, suche dir einen ruhigen, friedlichen Ort. Blende alle mentalen und visuellen Ablenkungen aus. Nimm dann die Karte Eremit aus dem Deck. Studiere diese Karte und konzentriere dich auf das Bild des alten Mannes. Fokussiere dann die Sanduhr. Hilft es dir, eine Perspektive zu finden?

Es gibt nicht die einzig richtige Art, Tarotkarten zu mischen. Man kann sie wie normale Spielkarten mischen oder, da Tarotkarten größer als Spielkarten sind, sie mit der Bildseite nach unten auf einem Tisch verstreuen und mit den Handflächen hin und her schieben, bis sie gut gemischt sind. Kümmere dich nicht um umgekehrte Kartenbedeutungen, bis du ein erfahrener Deuter geworden bist.

Es gibt mehr als genug Kombinationen und Bedeutungen der Karten in aufrechter Position, um reichhaltige Tarot-Erfahrung zu machen.

Bevor du mit dem Tarot-Legen beginnst, ist es wichtig, dass du dir über den Zweck deiner Frage im Klaren bist. Je spezifischer sie ist, desto besser. Vermeide Fragen, die mit Ja oder Nein beantwortet werden müssen. „Was muss ich über meine Beziehung wissen?" ist eine bessere Frage als „Werden mein Partner und ich uns trennen?". „Was sollte ich tun, um meine Chancen auf eine

Beförderung zu verbessern?" ist besser als „Werde ich eine Gehaltserhöhung bekommen?". „Was muss ich an meinem Lebensstil verstehen?" ist besser als „Werde ich Gewicht verlieren?".

Bis jetzt haben wir das Tarot als Werkzeug zur Selbsterforschung und zum persönlichen Wachstum besprochen. Da dieses kleine Buch nicht mehr als eine Einführung in das Tarot sein soll, ist es am besten, wenn du dich auf dich selbst konzentrierst, bis du mit den Karten und ihrer Symbolik bestens vertraut bist. Auf den folgenden Seiten findest du einige bewährte Möglichkeiten, wie du deine Karten auslegen kannst. Denke daran, dass alle Karten und ihre Reihenfolge in einer Deutung der persönlichen Interpretation unterliegen. Es gibt keinen richtigen oder falschen Weg, Tarot zu deuten. Selbst bei professionellen Kartenlegern, die die gleichen Karten auslegen, werden die Ergebnisse unterschiedlich ausfallen. Wichtig ist, wie die Karten bei dir persönlich ankommen. Deine Interpretation hängt ganz von deinen eigenen Erfahrungen, deiner Persönlichkeit, deinem Glauben und deinen Wünschen ab.

# DAS DREI-KARTEN-LEGESYSTEM

Das Drei-Karten-Legesystem ist eine unkomplizierte Legung für den beginnenden Tarot-Deuter. Damit hat man die Möglichkeit, im Voraus zu wählen, worauf sich die Karten beziehen sollen. Der Fragesteller mischt die Karten, zieht dann drei Karten und legt sie von links nach rechts aus. Die folgende Liste enthält mehrere Möglichkeiten, diese Legung zu fokussieren:

- Vergangenheit, Gegenwart, Zukunft

- Situation, Einstellung, Schlüsselelement

- Äußere Bedingungen, gegenwärtige Situation, Hindernis

- Körper, Geist, Seele

- Stopp, Start, Weiter

- Du, Ich, Wir

Hier ist ein elementares Beispiel für eine Drei-Karten-Deutung, die sich auf die zweite Legungsvariante konzentriert: Situation, Einstellung, Schlüsselelement.

**Problem:** Karl befürchtet, dass er seinen Job verliert, weil bereits mehrere Mitarbeiter in seinem Büro kürzlich entlassen wurden. Er ist gestresst, weil er seine Arbeit liebt, viele Überstunden gemacht hat und auf eine Beförderung hofft.

**Seine Frage:** Was muss ich über meine derzeitige Arbeitssituation wissen?

**Karte 1, Situation:** Für diese Karte zog Karl den Turm und bestätigte damit seine Einschätzung, dass es an seinem Arbeitsplatz einen Umbruch gibt.

**Karte 2, Einstellung:** Hier hat Karl den Narren aufgedeckt, ein Hinweis darauf, dass er sich selbst unsicher fühlt und Angst vor Veränderungen hat.

**Karte 3, Schlüsselelement:** Die Karte, die Karl hier umdrehte, war die Urteils-Karte, die Balance und Gleichgewicht symbolisiert. Für Karl bedeutete diese Karte, dass er versuchen sollte, sein Urteilsvermögen nicht von seinen Emotionen übermannen zu lassen.

**Ergebnis:** Karl beschloss, seine Angst vor Veränderungen loszulassen. Er sollte in seinem Job weiterarbeiten und damit beginnen, Netzwerke aufzubauen und seinen aktualisierten Lebenslauf zu verschicken. Indem er positive Schritte unternahm, war Karl in der Lage, sich eine optimistische Zukunft vorzustellen.

Hier ist ein weiteres Beispiel für eine Drei-Karten-Deutung, die sich auf die Option „Du, ich, wir" konzentriert.

**Problem:** Obwohl sie ihren Job immer geliebt hat, hat Ellen, eine Kunstlehrerin an einer Gesamtschule, das Gefühl, dass sie in ihrem Trott feststeckt.

Ihre Frage: Was muss ich darüber wissen, wie ich mit meinen Schülern in Beziehung treten kann?

**Karte 1, Du:** Ellen hat den Gehängten aufgedeckt, was sie dahingehend interpretiert, dass sich ihre Schüler in einer Hängepartie befinden, von der Routine gelangweilt sind und sich nicht auf ihre Lehrmethoden einlassen.

**Karte 2, Ich:** Hier hat Ellen den Magier aufgedeckt und erkennt, dass sie etwas mehr Spannung in ihre Unterrichtspläne einbauen sollte, um etwas Neues auszuprobieren, um ein bisschen Magie ins Klassenzimmer zu bringen.

**Karte 3, Wir:** Bei dieser Karte hat Ellen die Mäßigung gezogen, die anregt, dass die Beziehung zwischen ihr und ihren Schülern ausgeglichen sein muss.

**Das Ergebnis:** Ellen beschloss, in ihrer Herangehensweise wieder kreativer zu werden. Sie würde weiterhin Technik unterrichten. Sobald sie jedoch sicher war, dass ihre Schüler die Grundlagen verstanden hatten, würde sie ihren Drang, ihre Arbeit zu korrigieren, zügeln und die Schüler ermutigen, die Regeln zu brechen, um ihren kreativen Impulsen freien Lauf zu lassen. Die Karte der Mäßigung inspirierte Ellen dazu, für ein gesundes Gleichgewicht in ihrem Klassenzimmer zu sorgen, in der Hoffnung, eine glücklichere Beziehung zwischen sich und ihren Schülern herzustellen.

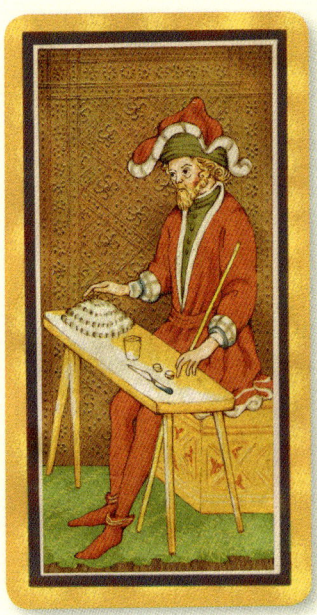

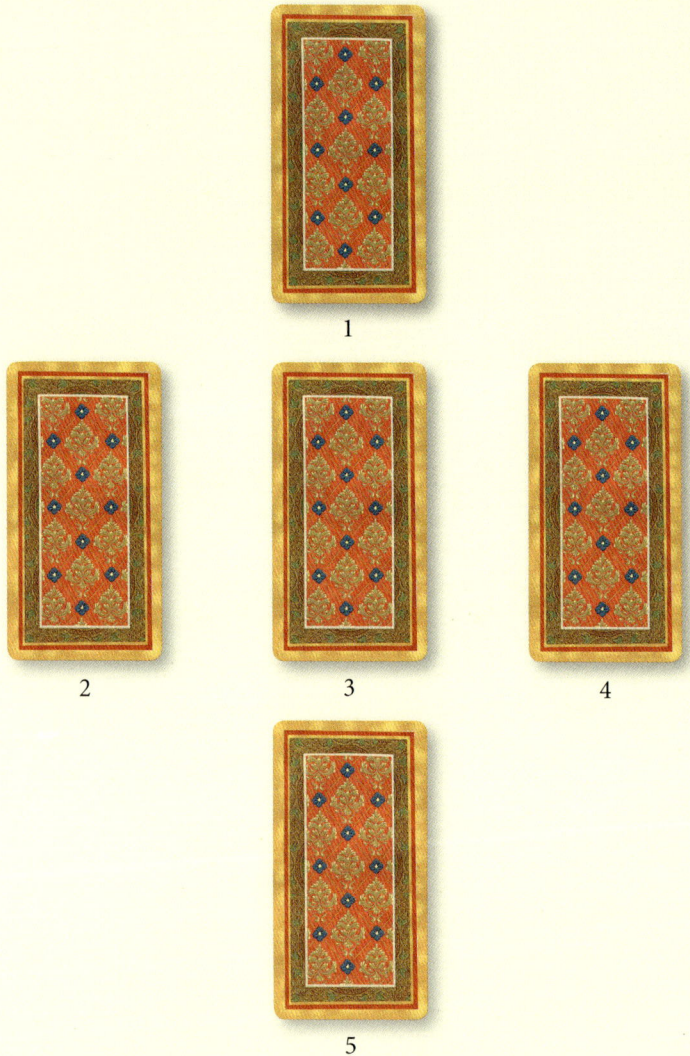

1

2 3 4

5

# DAS FÜNF-KARTEN-LEGESYSTEM

Dies ist ein hilfreiches Legesystem, um sich für eine bestimmte Vorgehensweise zu entscheiden. Es funktioniert am besten, wenn sich der Fragesteller auf einen Aspekt einer Entscheidung konzentriert und aus mehreren Möglichkeiten auswählt.

**Karte 1, Gegenwart/allgemeines Thema:** Befasst sich mit der Gegenwart und gibt das allgemeine Thema der Deutung an.

**Karte 2, Einflüsse der Vergangenheit:** Befasst sich mit vergangenen Kräften, die weiterhin wirken.

**Karte 3, Die Zukunft:** Manifestiert die zukünftigen Ziele des Fragestellers.

**Karte 4, Grund:** Deckt einen verborgenen Impuls auf, der ein Hindernis für das Erreichen des Ziels des Fragestellers sein könnte.

**Karte 5, Potenzial:** Weist auf das mögliche Ergebnis hin, wenn der Fragesteller eine bestimmte Vorgehensweise befolgt.

# BEISPIEL FÜR DAS FÜNF-KARTEN-LEGESYSTEM

**Problem:** Erich hat sich mit einer Frau getroffen, von der er dachte, dass er in sie verliebt sei. In letzter Zeit hat er das Gefühl, dass etwas nicht mehr stimmt. Die Leidenschaft ist aus der Beziehung gewichen. Und obwohl er den Funken, der sie einst anzog, gerne wieder entfachen würde, scheint sie nicht bereit zu sein, ihren Teil dazu beizutragen. Erich hat den Verdacht, dass sie sich vielleicht für einen neuen Mann interessiert.

**Seine Frage:** Was muss ich über meine aktuelle Beziehung wissen?

**Karte 1, Gegenwart/allgemeines Thema:** Die Wagen-Karte taucht an dieser Stelle auf. Sie passt zu Erichs gegenwärtiger Situation, da sie anzeigt, dass er in zwei Richtungen gezogen wird. Sein Herz drängt ihn, bei der Frau zu bleiben, die er liebte, während sein Kopf ihm sagt, dass die Bindung zerbrochen ist.

**Karte 2, Einflüsse aus der Vergangenheit:** Hier deutet die Acht der Kelche darauf hin, dass Erich sich der Probleme in der Beziehung schon seit einiger Zeit bewusst ist. Er wird zu der Erkenntnis kommen, dass sie ihren Lauf genommen hat, und daran denken, weiterzuziehen.

**Karte 3, Die Zukunft:** In dieser Position offenbart die Vier der Stäbe Erichs Wunsch nach einer romantischen und friedlichen Beziehung mit einer Frau, die das Gleiche wünscht.

**Karte 4, Grund:** Hier taucht die Sechs der Kelche auf, sie deutet darauf hin, dass Erich sich an die Vergangenheit klammert und sich nach dem Unerreichbaren sehnt.

**Karte 5, Potenzial:** In der letzten Position zeigt die Königin der Stäbe, dass eine neue liebevolle und mitfühlende Frau in sein Leben treten wird, wenn Erich seinen Wunsch loslässt, in seiner derzeitigen stagnierenden Beziehung zu bleiben.

**Das Ergebnis:** Erich hat sich entschieden, dieser Frau etwas Freiraum zu geben. Er wird Zeit damit verbringen, seinen eigenen Interessen nachzugehen, alte Freundschaften zu erneuern und Pläne zu machen, die sie nicht einbeziehen. Wenn diese Abkühlungsphase das Ende der Beziehung bedeutet, wird er diese Tatsache akzeptieren und weiterziehen.

# DAS KELTISCHE KREUZ

Das Legesystem mit zehn Karten, bekannt als das keltische Kreuz, stammt aus den späten 1800er Jahren. Da es komplizierter ist als die anderen, sollte man sich diese Legung aufheben, bis man mit den einfacheren Varianten vertraut ist.

**Karte 1, Die Gegenwart:** Beschäftigt sich mit der gegenwärtigen Position des Fragenden oder gibt Auskunft über die aktuellen Bedingungen, in denen der Fragende lebt und arbeitet.

**Karte 2, Gegensätzliche Kräfte:** Quer über die erste Karte gelegt, weist auf Herausforderungen oder Hindernisse hin.

**Karte 3, Ziel:** Zeigt die unterbewussten Gedanken des Fragenden bezüglich des Themas. Direkt über den Fragenden gelegt, zeigt sie das Ziel des Fragenden an.

**Karte 4, Die Vergangenheit:** Beschreibt die Kräfte und Einflüsse, die den Fragesteller geprägt haben.

**Karte 5, Die jüngste Vergangenheit:** Weist auf jüngste Ereignisse hin, die helfen können, die aktuelle Situation erklären.

**Karte 6, Die Zukunft:** Zeigt einen Einflussbereich auf, der vor uns liegt.

**Karte 7, Ratschläge:** Zeigt einen Weg zur Bewältigung einer aktuellen Angst oder Sorge, die den Fragesteller plagt.

**Karte 8, Äußere Faktoren:** Zeigt an, wie andere den Fragesteller sehen.

**Karte 9, Innere Faktoren:** Betrifft die emotionalen Zustände des Fragenden, wie Hoffnungen, Ängste, Sorgen und mögliche versteckte Motive.

**Karte 10, Ergebnis:** Verknüpft die Bedeutungen der anderen neun Karten zu einem Ergebnis. Sollte das Ergebnis ungünstig sein, kann der Fragesteller es ändern, indem er die aus der Deutung gewonnene Weisheit einsetzt.

# BEISPIEL EINER DEUTUNG DES KELTISCHEN KREUZES

**Problem:** Elizabeth wird ein besser bezahlter Job in einer anderen Stadt angeboten, der einen Umzug erfordert.

**Ihre Frage:** Was muss ich wissen, um die für mich richtige Entscheidung zu treffen?

**Karte 1, Die Gegenwart:** Der Ritter der Stäbe taucht in dieser Position auf und passt zu Elizabeths gegenwärtiger Situation, da die Karte andeutet, dass sie sich auf eine Reise ins Ungewisse begibt.

**Karte 2, Gegensätzliche Kräfte:** Hier steht der König der Münzen für Geld und Verantwortung. In dieser Position sagt die Karte Elizabeth, dass sie zusätzlich zu dem Geld, das sie verdienen wird, wenn sie den neuen Job annimmt, auch mehr Verantwortung haben wird.

**Karte 3, Ziel:** Die Königin der Münzen offenbart Elizabeths unbewusstes Verlangen nach Luxus und Reichtum.

**Karte 4, Die Vergangenheit:** In dieser Position zeigt die Königin der Kelche an, dass Elizabeth in der Vergangenheit eine hingebungsvolle Fürsorgerin für ihre Lieben war und deren Wohlergehen über ihre eigenen Wünsche und Bedürfnisse stellte.

**Karte 5, Die jüngste Vergangenheit:** Die Drei der Schwerter deutet darauf hin, dass Elizabeth ihre Träume aufgeschoben hat, indem sie andere zuvor angebotene Jobs, die ihre Karriere vorangebracht hätten, abgelehnt hat.

**Karte 6, Die Zukunft:** Hier zeigt die Zwei der Schwerter an, dass Elizabeth in Zukunft ein größeres Gleichgewicht in ihrem Leben erreichen wird.

**Karte 7, Ratschläge:** Der Mond offenbart: Wenn Elizabeth ihren unbewussten Gefühlen erlaubt aufzutauchen, werden diese ihr zeigen, wie sie vorankommen kann.

**Karte 8, Äußere Faktoren:** Der König der Kelche zeigt an, dass Elizabeth von außen als freundliche, verlässliche Person gesehen wird.

**Karte 9, Innere Faktoren:** In dieser Position offenbart das Ass der Schwerter Elizabeths verborgene Angst vor Macht und Erfolg.

**Karte 10, Ergebnis:** Der König der Stäbe ist eine glücksverheißende Karte, die sich auf Geschäft und Unternehmertum bezieht und Elizabeths Führungs- und Entscheidungsfähigkeiten bestätigt, was zu dem folgenden Ergebnis führt.

**Ergebnis:** Wenn Elizabeth die Weisheit beherzigt, die in den Karten offenbart wird, kann sie Wahrheiten über sich selbst entdecken. Sie wird entweder entscheiden, dass sie bereit ist, ihre Karriere voranzutreiben, indem sie die härteren Anforderungen annimmt, im Vertrauen auf ihre Führungsfähigkeiten. Oder sie wird entscheiden, dass ihr uneingestandener und unausgesprochener Wunsch nach Reichtum das Opfer in Form von Zeit und zusätzlicher Verantwortung nicht wert ist.

Da sie nun ein klareres Bild ihrer innersten Wünsche und ihrer möglichen Entscheidungen hat, wird sie, welche Entscheidung sie auch immer trifft, mit einem neu gewonnenen Selbstvertrauen und mehr Reife ausgestattet sein.

## Danksagungen

Ich möchte Wald Amberstone von der Tarot School in Manhattan dafür danken, dass er mir vorgeschlagen hat, Robert M. Place um Hilfe und Rat bei diesem Projekt zu bitten. Robert M. Place, der bei weitem kenntnisreichste und kreativste Tarot-Experte, ist ein international bekannter Künstler, Schriftsteller und Historiker. Dass er sich bereit erklärte, meinen Entwurf und mein Manuskript zu prüfen, war mehr als großzügig. Ich habe mich bei meinen Recherchen stark auf Roberts Bücher gestützt, insbesondere auf *The Fool's Journey* und *The Tarot: History, Symbolism, and Divination*. Ich möchte auch Linda Falken für ihre Hilfe bei der Bearbeitung dieses Manuskripts danken. – MP

## Weiterführende Literatur

*Alchemy and the Tarot: An Examination of the Historic Connection with a Guide to The Alchemical Tarot* von Robert M. Place, Hermes Publications, 2012

*The Complete Book of Tarot Reversals* von Mary K. Greer, Llewellyn Publications, 2002

*The Fool's Journey: The History, Art, & Symbolism of the Tarot* von Robert M. Place, Talarius Publications, 2010

*Seventy-Eight Degrees of Wisdom: A Book of Tarot* von Rachel Pollack, Weiser Books, 2007

*The Tarot History, Symbolism, and Divination* von Robert M. Place, Tarcher, 2005

*The Tarot Revealed: A Beginner's Guide* von Paul Fenton-Smith, Allen & Unwin, 2010

*An Examination of the Historic Connection with a Guide to The Alchemical Tarot* von Robert M. Place, Hermes Publications, 2012

## Bildnachweis